DISCERNIMIENTO
ESPIRITUAL

Cuando tenemos discernimiento espiritual, somos un muro de contención para detener, romper y destruir todo plan de Satanás en el nombre de Jesús.

RAFAEL N. VARGAS

Publicado por
Pastor RAFAEL N. VARGAS

Derechos Reservados ©
Pastor RAFAEL N. VARGAS

Primera Edición 2021

Por: Pastor RAFAEL N. VARGAS

Titulo publicado originalmente en español:
DISCERNIMIENTO ESPIRITUAL

Diseño portada: www.imaginacd.com

Clasificación: Religioso

ISBN - 978-1-7923-7010-6

Para más información:

Pastor Dr. RAFAEL N. VARGAS, D.min, TH.D,MSIE
Ministerio Poder y Sabiduria de Dios, Inc
750 E 169th St The Bronx, NY 10456
(347) 450-5310
www.mipsd.org
info@poderysabiduria.org
Ministerio Poder y Sabiduria de Dios, Inc

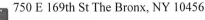

Producido en USA por www.HolySpiritPub.net

DISCERNIMIENTO ESPIRITUAL

De: *Pastor RAFAEL N. VARGAS*

Para:_____

ÍNDICE

AGRADECIMIENTO

Agradezco al Eterno Dios por el regalo de la salvación a través de Cristo Jesús, quien es el poder y la sabiduría de Dios. Gracias por darme la oportunidad de ser llamado su hijo y llamarme desde mi juventud a servirle en este santo llamado y vocación.

Agradezco a mis padres, esposa, hijos y familia por su incondicional apoyo, oraciones, constante motivación y por permitirme invertir el tiempo para poder bendecir y servir a nuestro prójimo.

Agradezco a cada persona que ha orado y se mantiene orando por nuestras vidas, familia y ministerio.

Agradezco a todos los que han colaborado directa e indirectamente en la elaboración de este libro.

Agradezco a todos los que son parte del Ministerio Poder y Sabiduría de Dios y que nos dan el privilegio de ser sus pastores.

Le damos gracias a Dios por tu vida, ya que eres parte de la generación con discernimiento que se levanta en medio de estos tiempos de crisis espiritual.

DEDICATORIA

Este libro está dedicado a ti que has entendido la responsabilidad bíblica de discernir y escudriñar lo espiritual y más en estos tiempos donde estamos sumergidos. A ti, que has comprendido que no todo lo religioso debe ser aceptado como verdaderamente cristiano y bíblico, sino que sientes el compromiso espiritual de sopesar las conductas y acciones de las personas para discernir sobre su origen. Este libro fue hecho pensando en ti, la generación del cambio y reforma espiritual.

«Amados, no creáis a todo espíritu, sino probad los espíritus para ver si son de Dios, porque muchos falsos profetas han salido al mundo»
(1 Juan 4:1 LBLA).

PRÓLOGO

En toda la Biblia podemos notar la importancia que tiene el «*don del discernimiento espiritual*», y en el Nuevo Testamento recobra aún más importancia, y por eso, específicamente en las cartas del apóstol Pablo, podemos encontrar el valor que Dios le otorga a este don y/o fruto del Espíritu, por lo cual tenemos que preguntarnos qué es ese discernimiento espiritual, cómo se adquiere, cómo se cultiva y si lo tenemos.

El discernimiento espiritual se puede definir como «la cualidad de ser capaces de entender y comprender lo que es oscuro; un acto de percibir algo; un poder para ver lo que no es evidente para la mente promedio». La definición también destaca la precisión, como en «la capacidad de ver la verdad». El discernimiento espiritual es «la capacidad de distinguir entre la verdad y el error».

El Apóstol Pablo en su camino a Filipo se encontró con una muchacha esclava poseída por demonios. Ella los siguió, proclamándolos siervos del Altísimo allí, para revelar un camino a la salvación. Mientras ella decía la verdad, Pablo conocía el espíritu demoníaco que operaba en ella y lo expulsó *(Hechos 16: 16-18)*. Ella decía la verdad, entonces, ¿cómo sabía Pablo que estaba bajo una opresión demoníaca? Inclusive los demonios saben quién es Dios y tiemblan ante Su nombre *(Santiago 2:19)*. El Espíritu de Dios le había dado a Pablo sabiduría y discernimiento para conocer los poderes operando. Sabía que su autoridad provenía de un reino superior. El Espíritu del Señor estaba con Pablo, por lo tanto, confiaba en esa ayuda y echó al demonio. Como dijo Jesús: «*Estas señales seguirán a los que creen: En Mi nombre echarán fuera demonios, hablarán nuevas lenguas*» *(Marcos 16:17)*.

En la carta a los Filipenses, el Apóstol Pablo nota la necesidad que había en la iglesia antigua, y les escribe diciéndoles: «*Y esto pido en oración: que vuestro amor abunde aún más y más en conocimiento verdadero y en todo discernimiento...*» *(Filipenses 1:9)*. Pablo está pidiendo no solamente porque el amor y el conocimiento abunden en medio de ellos, sino que abunde también todo tipo de discernimiento; discernimiento para todo tipo de circunstancias. Su oración es para que una de las bendiciones que Dios le otorgue a la iglesia de Filopos es precisamente la habilidad de discernir en medio de las circunstancias en la que ellos pudieran encontrarse.

Dadas las circunstancias en la que vive la iglesia actual, es imperativo que hoy más que nunca, necesitemos del *discernimiento espiritual* para que podamos manejarnos y ver más allá, y así tomar decisiones conforme a la voluntad de Dios en un mundo convulso que va a la deriva. Así que, el discernimiento espiritual no es solamente tener intuición, sino que es algo que va más allá, es sobrenatural. El discernimiento es algo otorgado por el Espíritu Santo para que nadie pueda manipular o abusar del poder. Con tanta distorsión teológica hoy en día, es imperativo que los creyentes estén ejerciendo en el discernimiento espiritual. Si la iglesia no puede discernir los espíritus, corren el riesgo de ser conducidos a falsas enseñanzas. Las Escrituras nos dicen: «*El Espíritu Santo ha dicho claramente que, en los últimos tiempos, algunas personas dejarán de confiar en Dios. Serán engañadas por espíritus mentirosos y obedecerán enseñanzas de demonios*» *(1 de Timoteo 4:1 TLA)*.

Conozco a el Dr. Rafael Vargas, fui su pastor siendo él muy joven; hemos visto su desarrollo académico y ministerial y, por ende, me atrevo a decir que, al leer este libro, el Dr. Vargas con toda su sabiduría, seriedad y entereza les ayudará y provocará en cada lector a desarrollar el *discernimiento espiritual* auténtico, y así conocer y obedecer la Palabra de Dios.

Con las herramientas que encontraremos en este libro, vamos a poder conocer mejor el carácter de Dios y su voluntad. El *discernimiento espiritual* es ser capaz de distinguir la voz del mundo de la voz de Dios.

Rvdo. Caonabo E. Estrella, ministro de la **Iglesia de Dios, Church of God** https://churchofgod.org. Tiene un Asociado en Pastoral del **Seminario Bíblico Iglesia**

de Dios (SEBID) de Republica Dominicana y también una Licenciatura en Teología de la **Universidad Teológica del Caribe,** en Puerto Rico.

INTRODUCCIÓN

La clave para vivir una vida sin concesiones radica en la capacidad para ejercitar el discernimiento espiritual en cada área de la vida. Por ejemplo, el no distinguir entre la verdad y el error deja al cristiano sujeto y vulnerable a todo tipo de falsas enseñanzas. La falsa enseñanza, entonces, conduce a una mentalidad no bíblica, que resulta en una vida infructuosa y desobediente, una receta segura para vivir una vida de esclavitud espiritual y emocional que es contraria al diseño que Cristo tiene para tu vida.

Bíblicamente hablando, el discernimiento no es opcional para el creyente, sino una necesidad. *1 Tesalonicenses 5: 21-22* enseña que es responsabilidad de todo cristiano discernir: «*Examinadlo todo; retened lo bueno. ²²Absteneos de toda especie de mal*». El apóstol Juan emite una advertencia similar cuando dice: «*No creáis a todo espíritu, sino probad los espíritus si son de Dios; porque muchos falsos profetas han salido por el mundo*» *(1 Juan 4: 1).*

La Biblia enseña que un cristiano sin discernimiento es como un niño, puesto que no sabe diferenciar entre lo que es bueno o malo, no sabe si algo está bien o está mal, tampoco sabe lo que hace ni lo que dice, no sabe decidir ni sabe resolver problemas, no sabe defenderse ni asumir responsabilidades, es ingenuo y puede ser arrastrado por cualquier engaño o mentira.

El discernimiento del bien y del mal es una virtud relacionada al grado de madurez espiritual. *«El escarnecedor busca la sabiduría en vano, mas el conocimiento viene fácilmente a alguien con discernimiento»* **(Prov. 14: 6 Biblia Kadosh)**.

Para poseer el discernimiento espiritual es necesaria la madurez espiritual. Como dijo Oswald Chambers: *«Dios nunca nos da discernimiento para que podamos criticar, sino para que podamos interceder»*. El discernimiento está estrechamente relacionado al conocimiento. A mayor conocimiento, más audaz será el discernimiento.

Hoy en día, más que nunca, existe una urgencia dentro del pueblo de Dios para poder ejercer el sano juicio y poder discernir los asuntos del reino con sano y justo juicio. *«No juzguéis según las apariencias, sino juzgad con justo juicio»* **(Juan 7:24)**. Como hombres y mujeres de Dios, el llamado está hecho y la Palabra de Dios lo establece: *«Pero el espiritual discierne todas las cosas; mas él de nadie es discernido»* **(1 Corintios 2:15 JBS)**.

La falta de discernimiento hace que las personas vivan abrumadas por las deudas, los problemas, los conflictos interpersonales y, además, les resulte difícil diferenciar lo bueno de lo malo. Cada vez vivimos más como en la época de los jueces de Israel, cuando «*cada uno hacía lo que bien le parecía*» *(Jueces 21:25)*.

En este libro, veremos la diferencia entre los sentidos naturales y los espirituales y cómo estos pueden trabajar en conjunto para la edificación de la Iglesia. Es importante aclarar que solo una persona nacida de nuevo puede tener discernimiento espiritual, porque las cosas espirituales solo se pueden discernir espiritualmente *(1 Corintios 2:14)*. Vemos según quiénes somos. El hombre natural solo percibe lo natural y el hombre espiritual puede percibir lo espiritual.

Me gustaría explicar que ser cristiano no significa que la persona tenga el discernimiento espiritual automáticamente. Para poseer discernimiento espiritual se requiere madurez espiritual, «*pero el alimento sólido es para los que han alcanzado madurez, para los que por el uso tienen los sentidos ejercitados en el discernimiento del bien y del mal*» *(Hebreos 5:14)*.

También estaremos viendo la diferencia en el discernimiento bíblico y filosófico. En el discernimiento bíblico utilizamos la palabra de Dios como parámetro para tomar buenas decisiones y hacer justo juicio, mientras que, en el discernimiento filosófico, toda decisión es basada desde el punto de vista humano. El discernimiento espiritual no tiene una base natural ni se apoya sobre capacidades o pericias naturales, sino que es algo sobrenatural que viene de Dios y solo Él puede otorgarlo a través del *Ruaj Hakodesh*.

No podemos tener un liderazgo con pérdida repentina de visión espiritual, estamos viviendo tiempos de mucho camuflaje espiritual, los cuales requieren una agudez visual en medio de estos tiempos escatológicos, apocalípticos y proféticos en donde estamos sumergidos.

Es por esto por lo que el discernimiento de espíritus juega un papel importante y fundamental en la edificación de los creyentes, para poder madurar en la fe en Cristo y es una vía en la que se puede probar la fuente y demostrar lo que es bueno. Debemos comprender que siempre estamos interactuando con el reino espiritual, ya sea que seamos conscientes de ello o no. A través de la renovación de la mente por el Espíritu Santo y de la Palabra de Dios, que es viva y eficaz, nos damos cuenta progresivamente de la influencia del reino espiritual sobre lo natural y lo constante y agresiva que es esta lucha espiritual.

Como hijos de Dios, estamos llamados a discernir lo que es mejor y eso requiere un discernimiento más agudo, señal de mayor madurez, no escoger lo que me gusta o lo que quiero, sino lo que me conviene, lo que es mejor para mi bienestar y salud espiritual y emocional. No solamente preguntarnos si esa decisión o lo que quiero hacer es dañino, sino si hay algo de bueno y qué es lo mejor y de mayor provecho para nuestro bienestar espiritual.

A través de este libro, tú aprenderás a tomar decisiones no basado en sentimientos ni emociones, sino a través del Espíritu Santo de Dios.

Cuando tenemos el discernimiento espiritual, somos un muro de contención para detener, romper o destruir todo plan de Satanás en el nombre de Jesús. Como dijo Leslie B. Flynn: «*No todo religioso debe ser aceptado como verdaderamente cristiano y bíblico. Para distinguir lo espurio de lo genuino necesitamos discernimiento. Deberíamos estar especialmente agradecidos por aquellos que tienen el don de discernimiento*».

Es mi oración que el Eterno Dios te ayude a terminar este libro sin distracción y que puedas aplicar los principios establecidos en él, ya que puedes ser parte de la generación que se levanta en el poder y la sabiduría del Espíritu Santo para poder entender los asuntos del reino de Dios.

Hago eco a la oración del salmista: «*Da discernimiento a este siervo tuyo*» **(Salmos 119: 125a NTV)**, que el Eterno YHWH te otorgó el entendimiento y discernimiento espiritual en Cristo Jesús.

Pastor Rafael N. Vargas
Ministerio Poder y Sabiduría de Dios

CAPÍTULO I

Entendiendo los términos

*«Los límites de mi lenguaje son los límites
de mi mundo».*
Ludwig Wittgenstein

Estamos viviendo unos tiempos desafiantes en todos los ámbitos y sentidos. La presión del sistema está tratando de condicionar al pueblo de Dios directa e indirectamente para impedir que seamos guiados por El Espíritu de Dios, por lo tanto, **es imprescindible que se levante una generación que pueda entender los tiempos** que nos ha tocado vivir y no se deje moldear por las presiones externas.

En cada generación, el Eterno Dios siempre ha estado interesado en personas que puedan distinguir y entender los tiempos para poder confiarles los asuntos del reino. Entonces, si no comprendo los términos, será imposible entender los tiempos. He aquí tres ejemplos bíblicos:

- *«Elijan a hombres bien respetados de cada tribu, conocidos por su sabiduría y entendimiento, y yo los nombraré líderes de ustedes»* **(Deuteronomio 1:13 NTV).**

- *«De los hijos de Isacar, doscientos principales, entendidos en los tiempos, y que sabían lo que Israel debía hacer, cuyo dicho seguían todos sus hermanos»* **(1 Crónicas 12:32).**

- *«Y el número de ellos con sus hermanos instruidos en la música del SEÑOR, todos los entendidos, fue doscientos ochenta y ocho»* **(1 Crónicas 25:7 JBS).**

Para poder comprender y dominar un tema, es necesario entender las palabras que representan sus ideas o conceptos. Es decir, la comprensión y el manejo de un tema están estrechamente relacionados con el entendimiento y comprensión del lenguaje.

Por lo que, en este primer capítulo y como base principal para el buen manejo y entendimiento de este relevante tema, altamente necesario dentro del ámbito espiritual, estaremos profundizando y diferenciando entre los términos:

- Percepción

- Intuición

- Sentido común

- Adivinación

- Sospecha

- Entendimiento

- Discernimiento

Poder dominar y entender los términos nos ayudará a comprender cuándo las cosas están siendo guiadas por Dios y nos ayudará a evitar errores que comúnmente se practican por la ignorancia y falta de entendimiento. Estaremos viendo que, cuando nuestros sentidos naturales son guiados por el Espíritu de Verdad, esta fusión nos ayudará a vivir una vida en plenitud.

El sabio nos aconseja y dice: «*Confía en el Señor con todo tu corazón; no dependas de tu propio entendimiento.* *⁶Busca su voluntad en todo lo que hagas, y él te mostrará cuál camino tomar*» **(Proverbios 3:5-6 NTV)**.

Iniciaremos explicando los siguientes términos para poder entender si estamos dependiendo del Ayudador

(Espíritu Santo) o si estamos basando nuestra decisión en nuestra propia conclusión.

Percepción

La percepción es la forma en la que el cerebro interpreta las sensaciones que recibe a través de los sentidos para formar una impresión consciente o inconsciente de la realidad física de su entorno. También descrito como el proceso constructivo por el que organizamos las sensaciones y captamos conjuntos o formas dotadas de sentido[1].

Es lo que se conoce como el primer conocimiento de una cosa por medio de las impresiones que comunican los sentidos. Al hablar de percepción, inferimos sobre sensación, impresión, captación, apreciación y evocación.

La importancia de poder diferenciar y distinguir cuándo alguien está plenamente guiado por el *Ruaj Hakodesh* (Espíritu Santo) nos ayudará a NO atribuir las cosas espirituales a lo natural, dado que **la percepción puede ser manipulada.**

Esta es manipulada cuando alguien, en su ignorancia, entiende que una persona está operando bajo el Don espiritual y no entiende que está percibiendo con los sentidos naturales las emociones y sentimientos de la persona. Por ejemplo, viendo el rostro de alguien, me puedo dar cuenta si está triste (percepción), cuando entiendo las causas ocultas de esa tristeza (discernimiento).

---

[1] Collins Discovery Encyclopedia. (2005). «The process by which an organism detects and interprets information from the external world by means of the sensory receptors».

Es importante señalar que, en la percepción, cada individuo organiza la información recibida según sus deseos, necesidades y experiencias y está condicionada por su:

- Aprendizaje

- Experiencia

- Personalidad

- Cultura y

- Experiencia sociocultural

Para ilustrar esto, veremos en el siguiente ejemplo que un grupo de personas puede ser testigo de un accidente y cada uno verá lo que esté preparado para ver. Si un mecánico, un médico, un abogado, un ministro, un joven, un rico, un pobre y un niño ven un mismo accidente, cada uno enfocará inmediatamente lo que tenga en su mente. En la mente del médico pasarán muchas ideas, pero las predominantes serán las relacionadas con su campo. En la del mecánico, el niño, el ministro y el abogado aparecerán ideas relacionadas con su profesión, su edad, su madurez y hasta con las circunstancias que viva cada uno[2].

Si la percepción de una persona es equivocada, su conducta y decisiones serán inadecuadas.

[2] Hormachea, D. (2007). El Asesor Familiar: Guía práctica para aconsejar con sabiduría (pp. 78–79).

Al cambiar la percepción, cambiará la conducta y la toma de decisiones será más efectiva y dentro de los parámetros escriturales.

Existen cuatro fases perceptivas, las tres primeras se deben a los órganos de los sentidos y las que no estaremos detallando:

- Detección,

- Traducción,

- Transmisión y

- Procesamiento de la información.

Los seres humanos tenemos cinco sentidos a través de los cuales podemos percibir el mundo exterior: vista, gusto, oído, tacto y olfato (exteroceptores). De estos cinco sentidos, estaremos dando ejemplo solo de la vista y el oído más adelante.

También disponemos de otros que reciben información del interior de nuestro organismo (interoceptores) y otros que nos informan del movimiento y nos permiten sentir nuestros músculos y articulaciones (propioceptores).

Dentro de los sentidos exteroceptores, tenemos el de **la vista o visión**. La mayor parte de la información que obtenemos del mundo es visual. La vista es considerada el sentido humano dominante, porque nos permite percibir el espacio, orientar nuestros movimientos y evitar peligros.

Los ojos son, probablemente, el órgano sensorial más importante y trabajan juntos para transmitir imágenes al cerebro por el nervio óptico. Por lo que debemos tener sumo cuidado con lo que condicionamos nuestros ojos.

Nuestro Maestro Jesús dijo: «*Tu ojo es como una lámpara que da luz a tu cuerpo. Cuando tu ojo está sano, todo tu cuerpo está lleno de luz*» *(Mateo 6:22 NTV)*. Es por esto por lo que para tener una percepción saludable debemos permitir que la Luz de Cristo pueda guiar nuestro entendimiento a través de su Palabra, para que ella nos guarde en el día de las aflicciones y nos ayude a ser guiados por sus mandamientos.

En la Palabra de Dios, encontramos un ejemplo muy peculiar de alguien cuya percepción no fue la más correcta. Esta la encontramos en el libro de *Bereshit* (Génesis), donde dice: «*Y alzó Lot sus ojos, y vio toda la llanura del Jordán, que toda ella era de riego, como el huerto de Jehová, como la tierra de Egipto en la dirección de Zoar, antes que destruyese Jehová a Sodoma y a Gomorra*» *(Génesis 13:10)*. Esto fue antes de que el Señor destruyera a Sodoma y Gomorra.

Lot, a través de sus ojos, pudo ver y recibir la señal que las imágenes le estaban transmitiendo a su cerebro y tomó una decisión basándose en la percepción y no bajo el discernimiento y entendimiento espiritual. Cuando somos guiados por el Espíritu, podemos ver más allá de lo que nuestro cerebro nos permite y podemos hacer un sano juicio en la toma de decisiones. Sabemos a través de la Biblia que esta decisión no fue la más sabia y, como entes espirituales, **no podemos tomar decisiones basados en la percepción, sino guiados por el Espíritu de Dios.**

No podemos tomar decisiones basados en la percepción, sino guiados por el Espíritu de Dios.

Recuerdo que, en una ocasión, en una Iglesia donde era pastor de jóvenes, un joven había fallado en un pecado de inmoralidad. En dicha iglesia, la mayoría de las personas lo catalogaban por su condición, pero el Espíritu me decía que ese era un ministro. **Yo nunca lo llamé por su pecado, sino por su llamado.** Hoy en día, ese joven está felizmente casado con la joven, tiene cuatro hijos y ha sido llamado al ministerio pastoral.

El oído es el segundo sentido que estaremos tratando porque es fundamental para la comunicación por medio del lenguaje. Somos muy sensibles a las diferencias de sonidos y podemos detectar las diferencias entre millares de voces humanas.

En medio de esta generación donde hay tanto ruido, una generación acelerada, debemos detenernos para poder escuchar y percibir la voz de Dios. Eva escuchó la voz incorrecta y los resultados han sido incalculables.

Escuchar la voz de Dios debe producir cambios tangibles y el temor reverente por las cosas del reino. El profeta Habacuc es un ejemplo vivo al declarar: «*Oh Jehová, he oído tu palabra, y temí. Oh, Jehová, aviva tu obra en medio de los tiempos, En medio de los tiempos hazla conocer; En la ira acuérdate de la misericordia*» **(Habacuc 3:2).**

El profeta pudo percibir (a través de la audición) la fama de Jehová. En otras palabras, conoció la historia de sus proezas del pasado. Pero, esos grandes hechos fueron tanto para bendición como para maldición por el pecado. La reacción del profeta al contemplar esos relatos acerca del poder de Dios fue temer[3].

La oración del profeta inicia con una declaración interesante: «He oído tu palabra, y temí». Esta oración tiene el deseo y anhelo de que Dios renueve su obra del Éxodo. Lehmann la parafrasea correctamente: «Reproduzca Dios su poder redentor en los años de crisis que les han sobrevenido[4]».

Habacuc no se conforma con lo que percibía, sino que pidió al Eterno Dios un avivamiento en medio de la crisis. Hoy más que nunca, no podemos permitir que las presiones externas e internas aniquilen la habilidad de poder percibir, discernir y distinguir la voz de Dios que produce los cambios necesarios en cada generación. Por eso el profeta decía: «En este último tiempo de nuestra historia, da a conocer tu obra», en otras palabras, «Date a conocer».

No podemos basar nuestras decisiones a través de nuestra percepción.

Hoy más que nunca necesitamos desarrollar nuestros sentidos para alinearlos a los sentidos espirituales, sin

---

[3] Connerly, R., Gómez C., A., Light, G., Martínez, J. F., Martínez, M., Morales, E., ... Editorial Mundo Hispano (El Paso, T. with Bryan, J., Byrd, H., & Caruachín, C., Carroll R. and M. Daniel. (2003). Comentario bíblico mundo hispano. Oseas—Malaquías (1. ed., p. 263).

[4] Dunning, R. H. (2010). El Libro de HABACUC. In Comentario Bíblico Beacon: Los Profetas Menores (Tomo 5) (p. 282).

embargo, **no podemos basar nuestras decisiones a través de nuestra percepción.** Claro, la percepción juega un papel clave en la toma de decisiones y para entender la voluntad agradable y perfecta de Dios en nuestras vidas, pero esta solo da las pautas al tomar saludables decisiones guiadas por el Espíritu de Dios.

La percepción es diferente al discernimiento espiritual. Los no salvos (hasta los brujos) operan en la percepción, pero no en el discernimiento. La percepción tiene la capacidad de ver algo y por medio de ella se sabe que hay algo allí, mientras que **el discernimiento nos ayuda a conocer su origen y a responder correctamente a lo que hemos visto, separa lo bueno de lo malo y nos da dirección.**

El discernimiento nos ayuda a conocer su origen y a responder correctamente a lo que hemos visto, separa lo bueno de lo malo y nos da dirección.

La percepción está muy activa dentro de las iglesias y más en lo profético, donde las personas atribuyen a lo espiritual lo que se hace por lo natural y es, por ende, que debemos saber discernir espiritualmente las cosas del Espíritu. Vemos casos de personas que profetizan diciendo que *Dios* les dice, cuando ellos están hablando por lo que están viendo. Más adelante estaremos desarrollando y hablando de esto en el capítulo sobre los riesgos de ignorar el don de discernimiento (capítulo 3).

Intuición

La intuición es la facultad o habilidad de comprender o percibir algo de manera clara e inmediata, sin la intervención de la razón[5].

Es importante notar que la intuición utiliza un lenguaje no verbal basándose netamente en la percepción e indicios gestuales. Albert Einstein dijo: «*La mente intuitiva es un regalo sagrado y la mente racional es un fiel sirviente. Hemos creado una sociedad que rinde honores al sirviente y ha olvidado al regalo*». Como dijo Einstein, «*la intuición es un regalo del Eterno a todas las personas*», sin importar sus creencias, raza, sexo o color. Sin embargo, **el discernimiento es solo para los hijos de Dios**, los que han creído y confesado a Cristo como su Señor y Salvador

Según la revista INC, a lo largo del día, las personas tomamos una media de treinta y cinco mil decisiones y tan solo somos completamente conscientes de una pequeña parte de ellas. La mayoría de nuestras decisiones las tomamos de forma intuitiva y solo somos conscientes del 1 % de las decisiones que tomamos al día, el otro 99 % están automatizadas por nuestro cerebro.

Como nos recomienda el escritor de los Hebreos, mientras más nos acerquemos con confianza al trono de la gracia para que recibamos misericordia y hallemos gracia para la ayuda oportuna, tendremos la facultad de que nuestra intuición esté más alineada a la voluntad de Dios.

---

5 Cayuela, N. L. (Ed.). (1997). Diccionario general de la lengua española. Vox.

Un ejemplo bíblico de la intuición es el caso de David cuando habló con la mujer de Tecoa. En su espíritu discernía algo, sentía que detrás de toda esa conversación estaba la mente de Joab y por intuición espiritual le preguntó:

«Entonces David respondió y dijo a la mujer: Yo te ruego que no me encubras nada de lo que yo te preguntare. Y la mujer dijo: Hable mi señor el rey. ¹⁹Y el rey dijo: ¿No anda la mano de Joab contigo en todas estas cosas? La mujer respondió y dijo: Vive tu alma, rey señor mío, que no hay que apartarse a derecha ni a izquierda de todo lo que mi señor el rey ha hablado; porque tu siervo Joab, él me mandó, y él puso en boca de tu sierva todas estas palabras. ²⁰Para mudar el aspecto de las cosas Joab tu siervo ha hecho esto; pero mi señor es sabio conforme a la sabiduría de un ángel de Dios, para conocer lo que hay en la tierra» **(2 Samuel 14:18-20).**

David pudo ver y entender el lenguaje no expresado por la intuición y entender quién estaba detrás de esta mujer. Por supuesto, la intuición no es un mecanismo infalible, pero puede ser muy útil cuando necesitamos tomar decisiones en una situación en la que no disponemos de mucha información o esta es muy caótica.

Como hijos de Dios, nuestras decisiones, en su gran mayoría, las tomaremos por intuición, es por esto por lo que mientras más conocemos y escudriñamos la palabra de Dios, nuestro instinto puede estar más saludable y reaccionar de forma automática por las cosas que le convienen a nuestro espíritu.

El Salmista declaró: *«De tus mandamientos he adquirido entendimiento; por tanto, he aborrecido todo ca-*

mino de mentira. [105]Lámpara es a mis pies tu palabra, y lumbre a mi camino» **(Salmos 119:104-105 JBS)**.

Caminamos en un mundo de oscuridad, pero podemos caminar a la luz de la Palabra de Dios. Tenemos la responsabilidad de usar la Palabra de Dios de manera personal, práctica y constante, para que podamos ver su camino y discernir lo que hay en ella.

Charles Spurgeon: «*La cabeza necesita iluminación, pero aún más los pies necesitan dirección*». Qué poderosa combinación: nuestro entendimiento iluminado (por la Palabra) y nuestros pies guiados (por la Palabra). Esto nos llevará a un puerto seguro.

Sentido común

El sentido común es aquello a lo que nos referimos cuando queremos hablar sobre el conocimiento y las creencias compartidas por una comunidad y considerados como prudentes, lógicos o válidos; aquello que consideramos básico y evidente, conclusiones a las que llegamos casi automáticamente al tratar de analizar lo que percibimos[6].

Aristóteles lo atribuía a nuestra capacidad de percibir de manera casi idéntica los mismos estímulos sensoriales cuando estos hacen diana en nuestros sentidos. Cuando alguien escucha el crujido de una rama al romperse, está percibiendo lo mismo que habría percibido cualquier otra persona en su lugar.

Sin embargo, en esta generación que nos ha tocado vivir, lo común parece abstracto. Como dice el Apóstol Pablo: «*el dios de este mundo ha cegado el entendi-*

---

[6] Maroney, Terry A. (2009). Emotional Common Sense as Constitutional. Law.

miento». Vivimos en una generación que, en vez de acercarse a Dios y buscarlo mientras pueda ser encontrado, cada día más se aleja de Dios. Una generación que, al igual que Faraón, les temía a las plagas, pero su corazón no estaba arrepentido.

Cuando íbamos a iniciar el ministerio (mi esposa, mi niña de un año y yo) en la ciudad del Bronx, en New York, estábamos buscando locales; se nos presentaron dos oportunidades: la primera, un local pequeño, pero muy económico que yo podía pagar; el otro, un poco más grande y costoso y que tenía que pagar por adelantado cuatro meses.

Por la lógica humana y en mi interior, me iba a inclinar por el más cómodo financieramente hablando (el del sentido común), pero mientras buscaba la dirección del Espíritu de Dios, fui guiado por el más costoso y que necesitaba pagar cuatro meses por adelantado (cantidad que no tenía en ese momento). Sin embargo, creí, por lo cual actué, y en obediencia, no tomamos la decisión que parecía la mejor, sino la que convenía para que el reino de Dios pudiera seguir avanzando.

Como resultado, vimos la provisión de Dios, el respaldo, el crecimiento y a los seis meses ya teníamos un lugar más espacioso y sin ninguna limitación como el primero.

No se debe confundir la verdad con la opinión de la mayoría

Muchas veces, **lo obvio no significa que sea lo correcto,** por lo que, aunque todos aprueben algo, necesitamos la dirección plena del Espíritu de Dios. Como dijo Jean Cocteau: «*No se debe confundir la verdad con la opinión de la mayoría*».

Existen cosas que son obvias en cuanto a lo espiritual (porque están escritas en la Biblia) y por las cuales ni se debe orar. En una ocasión, dijo el filósofo Inglés Juan Locke: «*Aquellos que siempre están desechando la razón en asuntos de la revelación se asemejan a un hombre que ciega sus ojos con el fin de usar un telescopio*». No podemos cerrar nuestros ojos a la revelación de la palabra.

Siempre la verdad de Cristo estará por encima de cualquier opinión.

Adivinación

La adivinación es definida como la acción de predecir o pronosticar algo sin utilizar procedimientos basados en la razón ni en conocimientos científicos, especialmente, si para ello se utiliza la magia o la interpretación de signos de la naturaleza[7].

Esta se refiere al arte de predecir el futuro y, como tal, es un fenómeno común a todas las culturas y religiones primitivas que han desarrollado múltiples y diversas maneras de adivinación[8].

---

[7] Cayuela, N. L. (Ed.). (1997). Diccionario general de la lengua española. Vox.

[8] Lacueva, F. (2001). In Diccionario teológico ilustrado (1. ed. española., p. 27).

Sin embargo, en la Biblia se prohíbe la adivinación como incompatible con el conocimiento del único Dios verdadero que guía a su pueblo por la Palabra de la ley de los profetas. El Nuevo Testamento y los escritores de los primeros siglos consideraron todo tipo de adivinación como inspirada por los demonios y como una imitación diabólica de la auténtica profecía. Vamos a ver algunos pasajes:

«Y el hombre o la mujer que evocare espíritus de muertos o se entregare a la adivinación, ha de morir; serán apedreados; su sangre será sobre ello» (Levítico 20:27).

«Me dijo entonces Jehová: Falsamente profetizan los profetas en mi nombre; no los envié, ni les mandé, ni les hablé; visión mentirosa, adivinación, vanidad y engaño de su corazón os profetizan» (Jeremías 14:14).

En una ocasión, a los diecisiete años, en el barrio donde vivía, recuerdo que había una mujer con un espíritu de adivinación, venían personas de todas partes del mundo a consultar con ella. Un día, los jóvenes decidimos entrar por curiosidad a ver. De repente, ella me vio y me dijo con una voz muy fuerte y masculina: «Joven, puedo ver que serás un abogado» y habló muchas cosas más. Resulta que no soy abogado de profesión, sino que estudié Ingeniería y soy pastor de vocación.

Como podemos ver, la adivinación es un acertijo, no algo confiable; pero cuando Dios habla, se cumple.

En la Biblia, encontramos un caso muy notable, el de la joven que dijo la verdad de que Pablo era un siervo de Dios Altísimo, quien proclamaba el camino de salvación. Pero notemos que el Apóstol *NO* toleró tal práctica, aunque decía la realidad. Esto nos muestra que **NO podemos tolerar o apoyar resultados favorables con métodos cuestionables.** Aunque la decisión sea agradable, si el médium es incorrecto, no podemos recibirlo. El Apóstol ordenó a este espíritu salir de ella.

No podemos tolerar o apoyar resultados favorables con métodos cuestionables.

«Y sucedió que mientras íbamos al lugar de oración, nos salió al encuentro una muchacha esclava que tenía espíritu de adivinación, la cual daba grandes ganancias a sus amos, adivinando. ¹⁷*Esta, siguiendo a Pablo y a nosotros, gritaba diciendo: Estos hombres son siervos del Dios Altísimo, quienes os proclaman el[a] camino de salvación.* ¹⁸*Y esto lo hacía por muchos días; mas desagradando esto a Pablo, se volvió y dijo al espíritu: ¡Te ordeno, en el nombre de Jesucristo, que salgas de ella! Y salió en aquel mismo momento»* **(Hechos 16:16-18 LBLA).**

En la Escritura hay un caso donde un hombre de Dios llamado Saúl se apartó de Dios y consultó a un muerto, *Samuel*, visitando a una adivina. Saúl murió por no guardar la Palabra de Dios y porque consultó a una adivina en vez de consultar a Dios:

«Así murió Saúl por su rebelión con que prevaricó contra Jehová, contra la palabra de Jehová, la cual no guardó, y porque consultó a una adivina, ¹⁴*y no con-*

sultó a Jehová; por esta causa lo mató, y traspasó el reino a David hijo de Isaí» *(1 Crónicas 10:13-14)*.

Saúl murió indignamente después de consultar a la adivina, terminó suicidándose. Este pasaje es muy importante porque muchos cristianos consultan a adivinos y no a Jehová, cometen el mismo error de Saúl, a quien le fue quitado el reino para pasarlo a David, que era un siervo fiel. Muchos cristianos cometen el mismo error porque no leen las Escrituras y no saben que esto es abominación para Dios.

En los momentos cruciales, se desesperan y no esperan en la respuesta divina, y acuden a la adivinación, como dijo el Salmista: *«Con paciencia esperé que el Señor me ayudara, y él se fijó en mí y oyó mi clamor. ²Me sacó del foso de desesperación, del lodo y del fango. Puso mis pies sobre suelo firme y a medida que yo caminaba, me estabilizó. ³Me dio un canto nuevo para entonar, un himno de alabanza a nuestro Dios. Muchos verán lo que él hizo y quedarán asombrados; pondrán su confianza en el Señor»* *(Salmos 40:1-3 NTV)*.

En la toma de decisiones, al no ver la respuesta **de Dios de forma inmediata, muchas personas consciente e inconscientemente** han acudido a esta práctica ilegal y condenada a través de la Biblia.

Sospecha

El diccionario de la lengua española define la *sospecha* como la creencia o suposición que se forma una persona sobre algo o alguien a partir de conjeturas fundadas en ciertos indicios o señales. También como la desconfianza o recelo hacia una persona, basada en la creencia de que ha hecho algo malo.

Podemos ver que la sospecha está estrechamente relacionada con la desconfianza y por esta razón hoy en día muchas personas actúan bajo sospecha en vez de andar en el Espíritu.

La Palabra declara: «*La gente será tan mala que la mayoría dejará de amarse*» *(Mateo 24:12 TLA)*. Debido al auge de la maldad, la desconfianza, los traumas y traiciones del pasado; se ha incrementado que las personas desconfíen unos de otros hasta por gestos emanados de forma inconsciente.

La sospecha ha sido responsable de que la unidad esté fragmentada en muchas iglesias y ha sido la responsable de que muchas relaciones hayan sido destruidas.

El Apóstol Pablo muestra que la sospecha está relacionada a las malas enseñanzas: «*Si alguno enseña otra cosa y no da crédito a las palabras salvadoras de nuestro Señor Jesucristo ni a la enseñanza que se ajusta a una vida auténticamente piadosa, ⁴es que está cegado por el orgullo y no sabe nada. Padece el mal de las disputas y de los inútiles juegos de palabras de donde proceden las envidias, los pleitos, las calumnias y las sospechas maliciosas*» *(1 Timoteo 6:3-4 BLPH)*.

Las personas espirituales no deben basar sus decisiones bajo la sospecha, sino bajo la convicción y creencia en el Espíritu Santo. Recuerdo que, en una ocasión, yo le hice un gesto a una ujier para que buscara algo en medio de un servicio y, al verme, ella se sonrió y me hizo otro gesto; resulta que una hermana de la iglesia sospechó que la risa de la ujier había sido por ella porque estaba cerca. Esto mostró la condición espiritual de la hermana y lo vulnerable que son las personas al ver gestos o señales formando creencias erróneas por sospechas en vez de buscar la dirección y el discernimiento espiritual.

Entendimiento

El entendimiento es la facultad de la mente humana que le permite pensar, reflexionar, comprender, comparar, analizar, sintetizar, investigar, discernir y decidir sobre cuestiones que se le presentan en su vida cotidiana, para aprender, solucionar problemas, informarse, hacer descubrimientos, ejercer opciones entre distintas alternativas, etcétera[9].

En la Biblia, el entendimiento es sinónimo de inteligencia. Entendimiento viene de la palabra hebrea הָנִיב – biná, que significa «entendimiento», «inteligencia», «especialmente hábil para aprender». Esta palabra viene de la raíz *BIN* y se refiere a la capacidad para discernir. Considere que biná se tradujo como *inteligencia* en RVA, RVC, RVR, o *discernimiento* en NVI.

Es muy importante notar que el entendimiento se diferencia a la sospecha, dado que este implica prestar atención a todo para comprender la raíz esencial. Hay muchas cosas que podemos entender, por ejemplo, matemáticas o algún idioma, sin embargo, el verdadero *entendimiento* es buscar a Dios, conocerlo, saber que Él es Espíritu, y que necesitamos tener una relación espiritual con Él como declara la Palabra:

---

[9] https://deconceptos.com/general/entendimiento

- «*El Señor ha mirado desde los cielos sobre los hijos de los hombres para ver si hay alguno que entienda, alguno que busque a Dios*» **(Salmos 14:2 LBLA)**.

- «*No hay quien entienda, No hay quien busque a Dios*» **(Romanos 3:11)**.

- «*Entonces les abrió el entendimiento, para que comprendiesen las Escrituras*» **(Lucas 24:45)**.

- «*Alumbrando los ojos de vuestro entendimiento, para que sepáis cuál es la esperanza a que Él os ha llamado, y cuáles las riquezas de la gloria de Su herencia en los santos*» **(Efesios 1:18)**.

Vivimos en una generación donde se lee mucho, pero se entiende y practica poco, **estamos llenos de información, pero hace falta entendimiento.** Es como el caso del etíope que leía, pero no entendía lo que estaba leyendo.

«*Felipe se acercó corriendo y oyó que el hombre leía al profeta Isaías. Felipe le preguntó: —¿Entiendes lo que estás leyendo?* ³¹*El hombre contestó: —¿Y cómo puedo entenderlo, a menos que alguien me explique? Y le rogó a Felipe que subiera al carruaje y se sentara junto a él*» **(Hechos 8:30-31 NTV)**.

La falta de pasión por Dios, por su Palabra, por los pecadores, la falta de crecimiento, la falta de compromiso con Dios y su obra, en la mayoría de las ocasiones, puede deberse a NO haber entendido la Palabra de Dios, a un conocimiento intelectual superficial de Dios, un conocimiento de oídas como Job, una falta de comprensión de las verdades de Dios, de cosas tan maravillosas que no logramos comprender y que, por lo tanto, no podemos experimentar logrando así un crecimiento saludable que nos ayude en la toma de decisiones.

En *Mateo 13*, en la parábola del sembrador notamos que, según el versículo 19, la Palabra llegó al corazón de la persona, y de allí fue arrancada por el diablo, porque el oyente *no la entendió*. De alguna manera, Satanás usa la falta de entendimiento para arrebatar la semilla. En la Biblia vemos, por ejemplo, que el entendimiento está velado *(2 Corintios 3:15–16)*, y que la gente puede ser tarda para oír *(Hechos 5:11)*[10].

«Las semillas que cayeron en la buena tierra representan a los que de verdad oyen y entienden la palabra de Dios, ¡y producen una cosecha treinta, sesenta y hasta cien veces más numerosa de lo que se había sembrado!» (Mateo 13:23 NTV).

El entender la Palabra de Dios da como resultado fruto abundante.

El entendimiento permite que la persona relacione el conocimiento adquirido con el propósito y las normas de Dios, para entonces sopesar el valor de tal conocimiento. El corazón entendido es el que busca el conocimiento; no está satisfecho con una simple visión superficial, sino que intenta conseguir un cuadro completo de la cuestión.

---

[10] Ríos, A. (1994). <u>Comentario bíblico del continente nuevo: San Mateo</u> (p. 161).

«El corazón entendido va tras el conocimiento; la boca de los necios se nutre de tonterías» (Proverbios 15:14 NVI).

El entendimiento evita realizar improvisaciones y permite llegar a tomar decisiones correctas, aunque no infalibles, pues el entendimiento humano no es una aptitud desprovista de cometer errores. No obstante, cuando el entendimiento está acompañado de la guianza del Espíritu Santo nos ayudará a tomar decisiones saludables y a poder discernir las cosas espirituales.

Discernimiento

En el capítulo **2,** estaremos hablando con más detalle de lo que es el discernimiento espiritual. En esta parte nos limitaremos a hablar solo de la definición, etimología de la palabra y algunos tipos de discernimiento.

El discernimiento es definido como la habilidad o cualidad de poder captar y comprender lo oscuro: habilidad para discernir, distinguir lo real de lo aparente y la verdad de la mentira[11].

Es una forma sabia de juzgar entre las cosas, o una forma particularmente perceptiva de ver las cosas. Si puedes entender algo que está un poco oculto u oscuro, si descubres los temas de una película confusa, por ejemplo, estás usando el discernimiento. Se necesita tal discernimiento con respecto a las personas, doctrinas, impresiones y situaciones específicas.

---

[11] Taylor, R. S. (2009). DISCERNIMIENTO. In J. K. Grider, W. H. Taylor, & E. R. González (Eds.), E. Aparicio, J. Pacheco, & C. Sarmiento (Trans.), Diccionario Teológico Beacon (pp. 216–217).

El discernimiento es imprescindible en el liderazgo. El Rey Salomón distinguió correctamente el buen discernimiento con el buen liderazgo, él sabía juzgar sobre casos difíciles y llegar a la verdad.

«Da, pues, a tu siervo corazón entendido para juzgar a tu pueblo, y para discernir entre lo bueno y lo malo; porque ¿quién podrá gobernar este tu pueblo tan grande?» (1 Reyes 3:9).

La palabra hebrea para discernimiento es *BIN* y aparece doscientas cincuenta veces en la Biblia y significa: comprender, conocimiento, entendimiento, considerar, percibir, observar, ser prudente. También significa *intervalo* o *espacio intermedio*, esto se entiende como separar las cosas unas de otras en los puntos que difieren, con el fin de distinguirlas.

***A mayor conocimiento,
más audaz será el discernimiento.***

También se refiere a la capacidad de hacer distinciones entre cosas. Una palabra que deriva de *BIN* es *TEBUNÁ* que implica una habilidad, capacidad o destreza para discernir la acción correcta a seguir. Algo que debemos notar es que **el discernimiento está estrechamente relacionado al conocimiento**. A mayor conocimiento más audaz será el discernimiento.

Aquí veremos un versículo bíblico en tres diferentes traducciones para ver cómo la palabra *discernimiento* también es traducida como conocimiento y entendimiento. Estos versos están basados en *Filipenses 1:9*.

Versión LBLA: «Y esto pido en oración: que vuestro amor abunde aún más y más en conocimiento verdadero y en todo discernimiento».

Versión RV1960: «Y esto pido en oración, que vuestro amor abunde aún más y más en ciencia y en todo conocimiento».

Versión NTV: «Le pido a Dios que el amor de ustedes desborde cada vez más y que sigan creciendo en conocimiento y entendimiento».

En el Nuevo Testamento, se usa la palabra griega *DIAKRINO* y tiene un significado similar al hebreo. También se refiere a separación, juzgar, hacer una distinción, dividir, cortar, etc.

El discernimiento consiste en evaluar la información o las situaciones, distinguir las diferencias, pensar en las consecuencias y, por consiguiente, juzgar correctamente. Por nuestra condición humana, carecemos de esta clase de sabiduría, pero el Señor está deseoso de darnos el discernimiento que necesitamos. Se pueden distinguir dos tipos de discernimiento:

1. Discernimiento bíblico.

2. Discernimiento filosófico.

El discernimiento bíblico exige tener un modelo de valores morales utilizando la Biblia como *el criterio* para poder distinguir la diferencia entre lo que es *bueno* y lo que es *malo*, desde el punto de vista de Dios. Es considerado una de las normas de *valores morales*[12].

---

[12] Diccionario manual e ilustrado de la lengua española (1927).

Entonces, el discernimiento es aprender a pensar los pensamientos de Dios después de Él, práctica y espiritualmente. Significa tener una idea de cómo se ven las cosas a los ojos de Dios y verlas en cierta medida desnudas y abiertas a los ojos de aquel a quien tenemos que rendir cuentas *(Hebreos 4:13)*.

La palabra usada en el *salmo 119:66* significa *gusto*. Es la capacidad de emitir juicios discriminatorios, distinguir y reconocer las implicaciones morales de diferentes situaciones y cursos de acción. Incluye la capacidad de *sopesar* y evaluar el estado moral y espiritual de individuos, grupos e incluso movimientos.

El discernimiento de Jesús penetró hasta lo más profundo del corazón, puesto que Él podía saber hasta las intenciones de los corazones de los líderes religiosos de su tiempo. De igual forma, el cristiano está llamado a desarrollar un discernimiento similar. Porque el único discernimiento que vale la pena que poseamos es el que recibimos en unión con Cristo, por el Espíritu, a través de la Palabra de Dios. Un ejemplo notable de tal discernimiento se describe en *Juan 2:24-25*: *Jesús no se confiaba a ellos... porque sabía lo que había en el hombre*.

El **discernimiento filosófico**, a diferencia del bíblico, puede establecer de forma arbitraria un *patrón de conducta* que *ayudará* a distinguir lo que es *bueno* o *malo* desde el punto de vista humano (prescindiendo de un Dios), cuya norma de valores se fundamenta en la acumulación del conocimiento basado en la observación del comportamiento humano, sus motivaciones y pensamientos; o en la experiencia personal y/o social a través de las fuentes históricas reconocidas como fiables[13].

En el discernimiento bíblico, utilizamos la palabra de Dios como parámetro para tomar buenas decisiones y hacer un justo juicio; mientras que, en el discernimiento filosófico, toda decisión es basada desde el punto de vista humano.

Aunque deben evitarse las falsas pretensiones de tener *el don de discernimiento*, es de inestimable valor la habilidad de discernir con buen juicio y sentido común sobre la base de principios bíblicos y madurez. Sin ese discernimiento, seremos ingenuos y caeremos siempre en manos de charlatanes o de Satanás disfrazado de «*ángel de luz*» *(2 Corintios 11:14)*. La exhortación de Juan para que «*prueben los espíritus para ver si son de Dios*» *(1 Juan 4:1 NVI)* no sugiere una intuición o revelación directas, sino la aplicación inteligente de criterios definidos.

Relación entre los sentidos naturales y los espirituales

El Eterno Dios nos ha creado con la peculiaridad de que el espíritu humano tiene capacidad para percibir el ámbito espiritual. Los espíritus humanos, aun sin el Espíritu Santo, tienen cierto grado de sensibilidad hacia el ámbito espiritual. Es de notar que ese grado es minimizado en torno a los asuntos del reino porque el pecado no les permite ver a plenitud los asuntos espirituales. *2 Corintios 4:4* nos dice: «*en los cuales el dios de este siglo cegó el entendimiento de los incré-*

---

[13] Staguhn, Gerhard (1992). God's Laughter: Man and his cosmos. UK. Random House.

dulos, para que no les resplandezca la luz del evangelio de la gloria de Cristo, el cual es la imagen de Dios».

El espíritu humano es perceptivo a lo espiritual, por esta razón, los brujos y los médiums pueden contactarse al mundo espiritual por medio de su espíritu. Cuando lo hacen, como no tienen al Espíritu Santo, se contactan con demonios y espíritus infernales.

Por otro lado, los que están llenos del Espíritu de Dios se contactan con el Señor y obtienen percepción espiritual y discernimiento. Dios no solo nos capacita para verlo, sino además para discernir cómo responder de acuerdo con Él. Es importante aclarar que solo una persona nacida de nuevo puede tener discernimiento de espíritus, porque las cosas espirituales solo se pueden discernir espiritualmente *(1 Corintios 2:14)*.

Para poder operar correctamente en los sentidos espirituales, debemos gozar de salud en nuestros sentidos naturales. Un ejemplo de esto es que no se puede ser prejuicioso, vivir bajo sospecha, tener un sentido común corrompido, etc. A veces, el sentido común no es tan común como pensamos; muchas personas hacen un mal uso de él. Es más, no todas las personas disponen de esa capacidad de discernimiento y sentido de la lógica que nos orienta sobre lo más acertado y correcto en cada situación.

El Espíritu Santo también utiliza nuestros sentidos comunes para llevarnos a tomar las decisiones correctas. Aunque lo que parece lógico no necesariamente sea lo correcto, el Espíritu Santo nos lleva y da la necesaria paz en el momento oportuno. Es por esto por lo que, cuando nuestros sentidos naturales son moldeados por la Palabra, nuestros instintos nos llevarán a tomar decisiones guiadas por el Espíritu de forma intuitiva. El Salmista declaró: «*He guardado tu palabra en mi corazón, para no pecar contra ti*» *(Salmos 119:11 NTV)*. El discernimiento nos ayudará a entender la voluntad de Dios cuando renovamos nuestra mente. *Romanos 12:2* dice: *No conformen su mentalidad a la de este mundo, sino transfórmense mediante la renovación de su mente, para poder discernir cuál es la voluntad de Dios; lo bueno, lo que le es agradable, lo perfecto.* **Cuando nuestra mente es renovada, nuestro discernimiento y entendimiento se agudiza para poder comprender la voluntad perfecta y agradable de nuestro Dios.**

El espíritu humano no solo es perceptivo, sino también es el lugar donde mora el Espíritu Santo. Por esta razón, nuestras capacidades perceptivas son más potentes que la de los que no han nacido de nuevo, puesto que podemos ver cosas de parte de Dios y ser capaces de discernirlas separando lo bueno de lo malo. El mundo no tiene al Señor enseñándole lo que es bueno, por eso, muchas personas en el mundo defienden lo malo y piensan que es algo normal, pueden percibir lo malo, pero no pueden discernirlo.

La percepción y el discernimiento obran juntos en aquellos que son nacidos de nuevo. El pasaje de *Hebreos 5:14* nos dice: «*Pero el alimento sólido es para los que han alcanzado madurez, para los que por el uso tienen los sentidos ejercitados en el discernimiento del bien y del mal*». La palabra *sentidos* aquí habla de percepción.

Este versículo nos quiere decir que toda clase de percepción en la que operamos necesita ser entrenada en el discernimiento. La palabra discernir en este versículo significa juzgar o llegar a una conclusión. No podemos detenernos en la percepción, necesitamos ir a la parte siguiente y es la habilidad del Espíritu Santo para analizar la información recibida y sacar una conclusión correcta.

Vemos el caso de la mujer samaritana cuando ella tuvo percepción, a ella le pareció (percibió) que Jesús era profeta. *«Le dijo la mujer: Señor, me parece que tú eres profeta» (Juan 4:19).* Su percepción vino de observar que el Señor actuaba como un profeta, pero a la vez su percepción natural la ayudó a recibir la revelación de que Jesús era el Mesías *(Juan 4:25 y 29).* El Espíritu Santo agregó revelación divina a su percepción natural, puesto que cuando terminó su conversación con el Señor ya no lo siguió llamando profeta. En este caso, vemos cómo la percepción natural de la mujer abrió el entendimiento espiritual.

El Espíritu Santo agrega revelación divina a su percepción natural.

Hoy en día vemos a muchas personas profetizando, utilizando la percepción y no el discernimiento espiritual. Cuando profetizan, pueden deducir mucho de una persona por cómo se viste, se conduce, el aspecto de su rostro, a qué se dedica, etc. En muchos casos, el Espíritu Santo puede usar lo que vemos o percibimos para traer revelación espiritual o inspiración divina.

Pero este no puede ni debe ser el parámetro por el cual damos la revelación espiritual. Claro, la percepción puede ser usada para traer un mensaje espiritual, siempre y cuando el Espíritu Santo nos guíe.

Dios es la voz de nuestro discernimiento y Él nos habla desde su Espíritu. La Biblia dice: «*Lámpara de Jehová es el espíritu del hombre, la cual escudriña lo más profundo del corazón*» *(Proverbios 20:27)*. Este versículo habla de que la luz o revelación de Dios surgirá desde nuestro interior, desde el espíritu humano, surgirá de lo profundo que harán que te examines hasta tú mismo. Cuando la luz de Dios comienza a hablar desde su espíritu, primero te examinará a ti y te pondrá bajo el escudriñamiento de Dios.

El discernimiento nos ayudará a usar nuestros sentidos naturales de forma correcta alineados a la Palabra de Dios.

El discernimiento nos debe llevar a realizar juicios correctos. La Biblia dice: «*juzguemos con justo juicio*» *(Juan 7:24)*. El discernimiento nos ayuda a reconocer la voz de Dios. Debemos determinar cuándo Dios nos está hablando. La Escritura dice que el Señor es nuestro pastor y que, como ovejas suyas, debemos reconocer su voz *(Juan 10:4)*. Recuerda que Dios nunca nos va a hablar algo contrario a su Palabra. Además, el discernimiento nos ayudará a usar nuestros sentidos naturales de forma correcta alineados a la Palabra de Dios.

Nuestros sentidos naturales y hasta la forma de comportarnos deben estar en armonía con lo espiritual para, de esta forma, mostrar a Dios en toda nuestra manera de vivir y que otros puedan ver a Cristo en nuestras acciones. Santiago nos dice: *«¿Quién es sabio y entendido entre vosotros? Muestre por la buena conducta sus obras en sabia mansedumbre»* **(Santiago 3:13)**.

CAPÍTULO II

Discernimiento espiritual

«Dios nunca nos da discernimiento
para que podamos criticar,
sino para que podamos interceder».
Oswald Chambers

El discernimiento espiritual (del griego *diakrisis pneumaton*) es la cualidad o poder de ser capaz, bajo la guía del Espíritu Santo, de ver, captar o comprender lo que está oscuro o percibir lo que no es evidente de manera natural. En el Nuevo Testamento se lo menciona como uno de los dones del Espíritu Santo, «*discernimiento de espíritus*» *(1 Corintios 12:10)*, cuyo objeto es identificar la presencia o ausencia de Dios en una determinada actividad humana. A diferencia de la revelación divina, el discernimiento espiritual es la capacidad de detectar las diferencias reales entre cosas que de otro modo no están abiertas a la percepción de nadie[14].

Como aclaramos anteriormente, **solo una persona nacida de nuevo puede tener discernimiento de espíritus**, porque las cosas espirituales solo se pueden discernir espiritualmente *(1 Corintios 2:14)*. Vemos según quienes somos. El hombre natural solo percibe lo natural y el hombre espiritual puede percibir lo espiritual.

A continuación, veremos varias definiciones sobre el discernimiento espiritual que encontramos en nuestra investigación:

1. Es la capacidad espiritual de ver más allá de las apariencias y saber qué espíritu o qué motivación del corazón se encuentra detrás de personas y situaciones.

2. Es la destreza para comprender y aplicar la Palabra de Dios con el propósito de separar la verdad del error y lo bueno de lo malo.

---

[14] Deiros, P. A. (2006). Prefacio a la Edición Electrónica. In *Diccionario Hispanoamericano de la misión* (Nueva edición revisada).

3. Es la acción por la que se busca distinguir, diferenciar entre dos cosas que por lo general se nos aparecen como buenas.

4. Significa distinguir la diferencia entre los opuestos; como el bien y el mal, lo justo e injusto, lo verdadero y lo falso. Es la capacidad de decidir entre la verdad y el error, el bien y el mal.

Me gustaría aclarar que **ser cristiano no significa que la persona tenga el discernimiento de espíritus automáticamente**. Para poseer discernimiento de espíritus se requiere madurez espiritual, como lo declara la Palabra, pero el alimento sólido es para los que han alcanzado madurez, para los que, por el uso, tienen los sentidos ejercitados en el discernimiento del bien y del mal *(Hebreos 5:14)*.

Ser cristiano no significa que la persona tenga el discernimiento de espíritus automáticamente.

Los inconversos y los hechiceros solo operan en los sentidos naturales (percepción, intuición, sentido común, adivinación, sospecha), pero no en el discernimiento. Por ejemplo, la percepción es llegar a una conclusión a través de los sentidos; sin embargo, el discernimiento de espíritus es la capacidad espiritual de ver más allá de las apariencias y saber qué espíritu o motivación del corazón hay detrás de las personas y las situaciones. Es la capacidad de comprender y aplicar la Palabra de Dios con el propósito de separar la verdad del error y el bien del mal.

El discernimiento de espíritus es un don muy importante del Espíritu Santo y es dado solo por el Espíritu Santo, quien dispersa estos dones a los creyentes para el servicio en el cuerpo de Cristo. Hay una diferencia entre el discernimiento de espíritus, el discernimiento natural y la sospecha. El verdadero discernimiento espiritual no tiene sus raíces en el miedo, sino en el amor y en el servicio a los demás. La sospecha tiene sus raíces en la oscuridad e intenta distorsionar y torcer la verdad, de modo que la luz de Dios se vea a través del lente de la falsificación de Satanás.

El discernimiento, la capacidad de pensar bíblicamente sobre todas las áreas de la vida, es indispensable para una vida fructífera. Sin ella, los cristianos corren el riesgo de ser «*sacudidos aquí y allá por las olas, y llevados por todo viento de doctrina*» *(Efesios 4:14)*.

El clásico ejemplo bíblico que demuestra este don es el discernimiento de Pedro respecto a la artimaña de Ananías y Safira *(Hechos 5:1–6)*. Posiblemente, Pedro no siempre haya tenido este poder impresionante de *leer las intenciones* de las personas, sin embargo, en los momentos necesarios, el Espíritu Santo lo dotó de este don para poder ejercer un sano y justo juicio.

Debemos entender que este don es dado por Dios y no se puede declarar que se posee en forma permanente e infalible.

El proclamar públicamente que uno posee tal don es anunciarse como confidente de los secretos divinos, y se acerca peligrosamente a erigirse como clarividente. Las pretensiones jactanciosas de los llamados videntes o psíquicos, fundamentalmente, afirman tener un poder especial de discernimiento. **Este don es dado por el Eterno Dios en momentos determinados y para discernir las intenciones espirituales.**

Más adelante, veremos que este don no es necesariamente para tomar decisiones. Muchas veces las personas piden discernimiento de espíritus en una decisión, por cosas que ya están claras que no proceden de Dios porque van en contra de la Palabra. El discernimiento de espíritus va más allá de una toma de decisiones y es necesario para poder entender el mundo espiritual.

Es más probable que el don de discernimiento lo otorgue el Espíritu cuando se requiere y a personas a quienes Él ha hecho responsables y maduras espiritualmente, como en el caso de Pedro.

Los beneficios del discernimiento son innumerables, pero a continuación enumeraré solo algunas. Un cristiano con discernimiento es alguien que:

1. No cae en engaños y tentaciones, pues percibe cuando el enemigo le tiende una trampa o cuando es su propia debilidad y deseo que lo quieren provocar a pecar.

2. Sabe bien cuándo es Dios quien le habla y cuándo es el diablo.

3. Sabe decidir qué es lo mejor que debe hacer.

4. No se deja llevar por la opinión de los demás porque tienes los principios y conceptos bíblicos bien claros.

5. Sabe dar consejos porque entiende la profundidad de los problemas.

6. Puede descifrar misterios e interpretar sueños porque entiende lo que ve, puesto que tiene revelación en el espíritu.

7. No espera que otro le dé una palabra o le diga alguna profecía, porque el Espíritu Santo le habla personalmente y le guía.

8. Puede recibir los dones espirituales que Dios le tiene reservados porque sabe usarlos bien.

9. Puede ser indicado para un cargo porque demuestra responsabilidad e inspira confianza.

10. Es obediente al mandamiento y se sujeta a la disciplina, nunca actúa como le parece, sino como le enseñan.

11. Está predispuesto a crecer en su llamado al ministerio y colaborar con el crecimiento de la iglesia.

12. Es alguien que confía plenamente en Dios y está completamente seguro de su salvación.

¿Qué es y qué No es discernimiento espiritual?

Quizás conviene comenzar por entender lo que el discernimiento de espíritus no es. Este don no es una especie de lectura espiritual del pensamiento. Tampoco es una percepción psicológica, parapsicológica o extra-sensorial. Y mucho menos es una aguda penetración mental o inteligencia natural.

El discernimiento de espíritus no tiene una base natural ni se apoya sobre capacidades o pericias naturales, sino que es algo sobrenatural que viene de Dios[15].

Especialmente se debe sospechar de personas que, en el nombre de *un don de discernimiento*, presumen decir a otras con quién deben casarse, cuándo deben trasladarse, cuál debe ser su vocación y asuntos similares. El discernimiento espiritual NO es con este propósito, claro, debemos tener discernimiento en todas nuestras decisiones, pero este don trasciende las esferas naturales.

Existe una diferencia entre la sabiduría y el discernimiento. **La sabiduría** es la aplicación de la verdad de las Escrituras a nuestra vida *(Santiago 1:5)*, y Dios quiere que pidas sabiduría. Pero el discernimiento te lleva un paso más allá. El discernimiento es la capacidad de juzgar o distinguir entre dos cosas con la sabiduría de la Palabra de Dios. Este tipo de juicio no es malo. De hecho, es crucial si vamos a tomar decisiones sabias.

También existe una diferencia entre el don del discernimiento *(1 Corintios 12:10)* y el discernimiento espi-

---

15 Deiros, P. A. (2008). Dones y ministerios (pp. 166–169).

ritual o cristiano. El primero es una expresión sobrenatural momentánea del Espíritu Santo, de acuerdo con su ministerio, es cómo puede manifestarse con frecuencia o no este don. Se manifiesta generalmente de manera sobrenatural como una visión, experiencia espiritual, sueño o un pensamiento fugaz. Esta experiencia proporciona la capacidad de ver en el ámbito espiritual para poder diferenciar qué tipo de espíritu está operando en una situación.

Como sucede con todos los otros dones, este don no se adquiere por medio de un entrenamiento especial, ni ningún ser humano puede otorgar y/o dar este don a otro semejante, sino que es dado cuando la necesidad lo requiere, solamente por el Espíritu de Dios.

En cambio, el discernimiento cristiano es diferente a lo anterior, es una habilidad desarrollada que viene de la práctica. Todo creyente debe poner en práctica su habilidad para el buen discernimiento. Hay personas que sobre enfatizan acerca del discernimiento, que se vuelven críticos, juzgadores y muy desagradables.

El discernimiento es uno de los dones especiales del Espíritu *(1 Corintios 12:10)*. El área de este don es principalmente el discernimiento *de espíritus*. Los *espíritus* aquí pueden referirse a diferentes disposiciones de ánimo o atmósfera, a influencias sobrenaturales o quizás a ambos. La atmósfera o impresión puede provenir de espíritus malos, aun cuando las personas involucradas atribuyan al Espíritu Santo los distintos movimientos psíquicos o espirituales. O el espíritu humano puede ser la única, o al menos la principal, agencia.

El don de discernimiento permite que quien lo posea pueda percibir la verdad detrás de las declaraciones verbales y los fenómenos psíquicos.

En una ocasión, recuerdo que una persona me dijo: «Pastor, me siento estancada en esta Iglesia, no me están dando oportunidad para yo crecer, quiero cantar, predicar, tomar oportunidad en los servicios», pero mientras la persona hablaba, el Espíritu nos mostró que las intenciones de su corazón no eran correctas. Además, le dijimos que el Señor nos mostró una vida de pecado y desordenada espiritualmente que ella tenía. Cuando hablamos y le dijimos todo lo que el Espíritu nos había revelado, la persona comenzó a llorar, fue quebrantada y restaurada. Esa es la importancia del discernimiento espiritual, que no se aferra a lo almático, sino que **el discernimiento espiritual va más allá de lo emocional.**

Existen dos extremos o posibles peligros en cuanto al discernimiento espiritual:

* El primero consiste en aceptar todo lo que nos llega desde el púlpito sin discernimiento espiritual y así tragarnos ideas erróneas. Es por esto por lo que el Apóstol Juan nos recomienda: *«Queridos amigos, **no les crean a todos los que afirman hablar de parte del Espíritu.** Pónganlos a prueba para averiguar si el espíritu que tienen realmente proviene de Dios, porque hay muchos falsos profetas en el mundo» (**1 Juan 4:1 NTV).***

- El segundo consiste en ser tan críticos que dejamos de aplicar la buena enseñanza en nuestras propias vidas. Un ejemplo de esto lo encontramos cuando un grupo era tan calificador que pensaban que las cosas espirituales eran especialmente para los judíos. Los que habían venido de Jope con Pedro se quedaron sorprendidos al ver que el Espíritu Santo había venido también sobre los que no eran judíos *(Hechos 10:45 TLA)*.

El don de discernimiento de espíritus es un don dado por Dios para ayudar a liberar a los afligidos, oprimidos y atormentados por Satanás *(Hechos 16:16)*. Además, es un don para desenmascarar a los servidores de Satanás *(2 Corintios 11:14, 15)*. En consecuencia, es también un don para resistir los planes de Satanás. Además, este don ayuda a descubrir el engaño y el error doctrinal *(1 Timoteo 4:1; 2 Pedro 2:1)*. Es también un don para desenmascarar a los demonios obradores de milagros *(2 Tesalonicenses 2:9; Apocalipsis 16:14)*.

A continuación, veremos lo que dicen varios autores sobre el discernimiento espiritual:

- **James Robert Clinton:** «El don de discernimiento fue el don de Dios a la iglesia para protegerla de falsos profetas, maestros, apóstoles, etc. Alguien con este don es capaz de *probar los espíritus*, esto es, probar la fuente de la que la pretendida verdad venía y de ahí distinguir entre verdad y error. Pedro advierte en su segunda epístola que esta habilidad de discernir el error, particularmente de maestros, será una necesidad creciente en la iglesia. *Hebreos 5:14* amplía la función de discernimiento más ampliamente al bien y el mal e indica que tal discernimiento es la marca de madurez».

- **Leslie B.** Flynn: «Este es el don de discernimiento, una facultad especial para distinguir entre el espíritu de verdad y el espíritu de error. Una persona con el don de discernimiento puede discriminar entre lo que es producido por Dios y lo que pretende serlo. Tiene la capacidad de desenmascarar los fraudes de Satanás, detectar falsas enseñanzas y descubrir falsos maestros. Tiene la capacidad para reconocer una falsedad antes que otros vean a través de su falsedad».

- **Peter Wagner:** «El don de discernimiento de espíritus es la habilidad especial que Dios da a ciertos miembros del Cuerpo de Cristo para conocer con seguridad si cierta conducta que se piensa que es de Dios es realmente divina, humana o satánica».

- **David Pytches:** «El verdadero origen espiritual de la motivación se puede discernir en la mirada de una persona que da una sensación de transparencia o bien de opacidad. Jesús dijo: «*La lámpara del cuerpo es el ojo; cuando tu ojo es bueno, también todo tu cuerpo está lleno de luz; pero cuando tu ojo es maligno, también tu cuerpo está en tinieblas*»» *(Lucas 11:34)*.

En conclusión, podemos decir que **discernir los espíritus significa estar conscientes de la actividad en el reino espiritual que impulsa pensamientos, actitudes y comportamientos que finalmente se manifiestan en el reino natural.** Nuestro Salvador Jesús Cristo ha dotado a los creyentes con la habilidad de comprender y entender el mundo espiritual. Es solo una cuestión de entender lo que implica esta habilidad y cómo hacerla parte del caminar cristiano diario para vivir una vida a plenitud, agradable a Dios a través de Jesucristo.

Propósito del discernimiento espiritual

Ya que sabemos y entendemos lo que es y no es el discernimiento espiritual, ahora podemos comprender el propósito de dicho don otorgado por Dios para el provecho espiritual de la Iglesia *(1 Corintios 14:12 BLPH)*.

Para poseer el discernimiento espiritual es necesario la madurez espiritual.

Como dijo Oswald Chambers: *«Dios nunca nos da discernimiento para que podamos criticar, sino para que podamos interceder».*

El discernimiento de espíritus juega un papel importante y fundamental en la edificación de los creyentes para poder madurar en la fe en Cristo y es una vía en la que se puede probar la fuente y demostrar lo que es bueno. Debemos comprender que siempre estamos interactuando con el reino espiritual, ya sea que seamos conscientes de ello o no. A través de la renovación de la mente por el Espíritu Santo, nos damos cuenta progresivamente de la influencia del reino espiritual sobre lo natural y lo constante y agresivo que es esta lucha espiritual.

Es importante entender que el propósito principal del discernimiento espiritual es para la edificación de la Iglesia *(1 Corintios 14:12)*.

Los dones espirituales no son para satisfacer caprichos personales ni proyectar nuestra imagen, sino para propósitos espirituales, edificación de la Iglesia y que Cristo sea exaltado.

La palabra griega para edificación: *oikodomeo*, se deriva de *oikos* [casa] y *domeo* [construir] y, literalmente, significa *la construcción de una casa*. Espiritualmente hablando, significa fortalecer, beneficiarse, establecer o edificar[16]. Este don del Espíritu es usado con el propósito de construir y establecer lo perdido, como dice la Palabra:

«Y todo esto procede de Dios, quien nos reconcilió consigo mismo por medio de Cristo, y nos dio el ministerio de la reconciliación; 19 a saber, que Dios estaba en Cristo reconciliando al mundo consigo mismo, no tomando en cuenta a los hombres sus transgresiones, y nos ha encomendado a nosotros la palabra de la reconciliación» (2 Corintios 5:18-19 LBLA).

Los dones no son para abusarlos ni para vanagloriarse, son para servir para el propósito de nuestro Señor y Salvador Jesucristo que nos envió al Consolador, al Ayudador para que esté con nosotros. Todo lo que podemos hacer por Él y para Él procede de Él.

---

[16] Sizemore, D. (2003). Lecciones de Doctrina Bíblica (Vol. 2, p. 74). Joplin, MO: Literatura Alcanzando a Todo el Mundo.

Cuando andamos y somos guiados por el Espíritu, podemos entender y discernir muchos gestos de conducta, dado que estas se confunden fácilmente, y así se superponen la opresión demoníaca con problemas físicos o emocionales, como ocurre a veces con la esquizofrenia (temor, alucinaciones). Es por esto por lo que este don nos ayudará a evitar errores comunes que se comentan al ministrar. Unos de estos errores son: orar cuando se necesita un consejo y dar un consejo cuando se necesita una oración.

Además, se evita el gravísimo error de echar demonios sobre la base de adivinar su presencia, puesto que esta práctica puede ser dañina para la persona que queremos ayudar. Y, por cierto, los demonios también mienten y hacen todo lo posible por engañarnos y camuflarse. Este es uno de los propósitos del discernimiento espiritual, **ayudarnos en la ministración y liberación efectiva.**

En una ocasión, en la iglesia donde crecí, había un señor mayor, de sesenta y cinco años aproximadamente, que trabajaba en un puesto de frutas y se levantaba a las cuatro de la mañana para iniciar el día. A veces, en los servicios de semana, a eso de las ocho y treinta de la noche, durante las prédicas, él solía dormirse (porque estaba vencido por el sueño). Sin embargo, un amigo evangelista de ese tiempo me comentó: «varón, aquel hermano viene con un espíritu demoníaco de sueño para dormir la iglesia y traer apatía espiritual, vamos a *reprenderlo*».

En ese entonces, confronté al hermano y le hice entender que no era ningún demonio, sino que el hermano, al ser una persona mayor y levantarse tan temprano, a esa hora ya estaba cansado, que era algo normal. En muchas iglesias creen que la oposición satánica es más poderosa que la gloria *Shekinah* del Eterno YHWH.

Cuando usamos el discernimiento correctamente, esto resulta en el fortalecimiento espiritual de los miembros de la iglesia.

Por este y muchos ejemplos más que se viven a diario, hace falta con urgencia el discernimiento sobrenatural que el Espíritu da. El discernimiento lo necesitamos para:

- Reconocer la voz de Dios.

- Comprender la voluntad de Dios.

- Tomar decisiones sabias.

- Distinguir lo bueno de lo mejor.

- Distinguir la verdad del error.

- Evitar ser engañados por el pecado.

- Distinguir entre el legalismo y la libertad.

Pero no solo se deben discernir los *espíritus*. También debemos discernir *lo mejor*. Debemos discernir lo mejor, no lo que me gusta, sino lo que más nos beneficia a nuestra vida espiritual. Muchas veces las personas son cegadas por sus caprichos y no entienden y disciernen lo que mejor les conviene. Es por esto la oración de Pablo en *Filipenses 1:9-10 LBLA*:

«Y esto pido en oración: que vuestro amor abunde aún más y más en conocimiento verdadero y en todo discernimiento, ¹⁰a fin de que <u>escojáis lo mejor</u> para que seáis puros e irreprensibles para el día de Cristo».

Quienes no pueden distinguir entre lo que es y no es importante, entre lo esencial y lo que es una mera opinión, tenderán a preocuparse por asuntos de menor relevancia y provocarán divisiones innecesarias entre el pueblo de Dios. Esta es una de las tácticas que el enemigo utiliza para mantener a las personas entretenidas y hacerles perder el tiempo en cosas innecesarias. Uno de los propósitos del discernimiento es que tú puedas diferenciar entre el bien y el mal y no seas víctima del entretenimiento espiritual.

Es por lo que, cuando tenemos nuestros sentidos naturales alineados con el Espíritu de Dios y estos no se adaptan al sistema en el que vivimos, podemos vivir y entender todo lo bueno que procede de Dios, aun en las situaciones que entendemos difíciles. Como nos aconseja el Apóstol Pablo: *«No os conforméis a este siglo, sino transformaos por medio de la renovación de vuestro entendimiento, para que comprobéis cuál sea la buena voluntad de Dios, agradable y perfecta»* **(Romanos 12:2)**.

No podemos ignorar que los hijos de Dios también operamos en los sentidos naturales (percepción, intuición, sentido común, entendimiento) y que son los medios que usualmente utilizamos para la toma de decisiones. Cuando estos sentidos, mediante la oración, por medio del conocimiento de la Biblia, la comprensión de las personas y la sensibilidad al Espíritu Santo son debidamente entrenados, podemos comprender la voluntad perfecta y agradable de nuestro Dios. Ya que aquel que ha nacido de nuevo, debe entender este tipo de componentes del discernimiento, que todo cristiano debe esforzarse por adquirir mediante la oración.

> *El propósito del discernimiento es que tú puedas diferenciar entre el bien y el mal.*

La necesidad de este don

La clave para vivir una vida sin concesiones radica en la capacidad para ejercitar el discernimiento en cada área de tu vida. Por ejemplo, no distinguir entre la verdad y el error deja al cristiano sujeto a todo tipo de falsas enseñanzas. La enseñanza falsa conduce a una mentalidad no bíblica, que resulta en una vida infructuosa y desobediente, una receta segura para vivir fuera del propósito y la voluntad del Eterno Dios.

En nuestro diario vivir existen cosas que son necesarias e imprescindibles, otras que no son tan relevantes y que sin ellas se pueden vivir. Sin embargo, **cuando hablamos del *don del discernimiento de espíritus* es como si habláramos del aire para poder respirar.**

El Apóstol Pablo entendió y reconoció lo necesario de este don para la iglesia al escribir a los Filipenses y decirles: «*Y esto pido en oración: que vuestro amor abunde aún más y más en conocimiento verdadero y en todo discernimiento...*» *(Filipenses 1:9 LBLA)*. Pablo está pidiendo no solamente porque el amor y el conocimiento abunden en medio de ellos, sino que abunde también todo tipo de discernimiento; discernimiento para todo tipo de circunstancias. Su oración es para que una de las bendiciones que Dios le otorgue a la Iglesia de Filipos sea precisamente la habilidad de discernir en medio de las circunstancias en la que ellos pudieran encontrarse.

Veamos este pasaje en la versión NVI: *«Esto es lo que pido en oración: que el amor de ustedes abunde cada vez más en conocimiento y en buen juicio, [10]para que disciernan lo que es mejor, y sean puros e irreprochables para el día de Cristo» (Filipenses 1:9-10).*

En esta oración, el Apóstol Pablo desafía a los de Filipos a ir más allá del amor. Esto no significa el aumento de un sentimentalismo más efusivo, sino un amor que crece en conocimiento y en todo discernimiento. Los que constituyen sus peticiones en oración por los filipenses vienen a ser un desafío a la plenitud y madurez, un programa de crecimiento espiritual.

La persona que posea el amor sin el conocimiento ni el discernimiento puede mostrar gran entusiasmo, pero si no tiene percepción ni entendimiento ni madurez de juicio espiritual, el entusiasmo de su amor muy fácilmente puede hacer más daño que bien. Aquí, la petición de Pablo es que el amor de los filipenses no se quede inerte ni estancado, sino que pueda abundar en relación con el conocimiento, entendimiento y discernimiento espiritual.

Al comienzo de la vida cristiana, se adquiere un discernimiento que permite escoger entre lo bueno y lo malo, pero llega un momento en que el gran dilema ya no es tanto entre lo bueno y lo malo, sino entre lo bueno y lo mejor.

Estamos llamados a discernir lo que es mejor y eso requiere un discernimiento más agudo, señal de mayor madurez.

No escoger lo que me gusta o lo que quiero, sino lo que me conviene, lo que es mejor para mi bienestar y salud espiritual y emocional. No solamente preguntarnos si esa decisión o lo que quiero hacer es dañino, sino si hay algo de bueno, y cuáles son las mejores.

Este don también es necesario porque a través de él podemos desenmascarar las artimañas del enemigo, puesto que su intención es engañar y confundir para después matar, hurtar y destruir. Para que una iglesia, ministerio o una vida puedan desarrollarse y permanecer fructíferamente a la plenitud en Cristo, este don es más que necesario.

Hoy en día, más que nunca, existe una urgencia dentro del pueblo de Dios para poder ejercer el sano juicio y poder discernir los asuntos del reino con sano y justo juicio. *«No juzguéis según las apariencias, sino juzgad con justo juicio» (Juan 7:24)*. Como hombres y mujeres de Dios, el llamado está hecho y la Palabra de Dios lo establece: *«Pero el espiritual discierne todas las cosas; más él de nadie es discernido» (1 Corintios 2:15 JBS)*.

La palabra nos advierte y declara: *«¡Pero no me sorprende para nada! Aun Satanás se disfraza de ángel de luz» (2 Corintios 11:14 NTV)*. Es decir, que el opositor y engañador es un experto en ocultar lo que hay realmente detrás de sus maquinaciones. Un disfraz es cualquier tipo de vestimenta u ornamenta utilizada con el propósito de distraer y la intención de no ser reconocido.

Es por esto por lo que este don es necesario, ya que **la vista natural nos permite ver el disfraz, pero el discernimiento nos permite ver lo que está detrás del disfraz.** La vista natural te limita, pero la espiritual te capacita, guía y te permite vivir sabiamente. No podemos tener un liderazgo con pérdida repentina de visión espiritual. Estamos viviendo tiempos de mucho camuflaje espiritual que requiere una agudez visual y poder desenmascarar a *los falsos apóstoles, obreros fraudulentos disfrazados como apóstoles de Cristo (2 Corintios 11:13 BLPH).*

La vista natural nos permite ver el disfraz, pero el discernimiento nos permite ver lo que está detrás del disfraz.

En una ocasión, escuché un testimonio de una mujer que practicaba la brujería y fue a una iglesia disfrazada y con apariencia de una misionera enviada por Dios. Cuando llegó, le dijo al diácono que la recibió en la puerta que quería hablar con el pastor porque *Dios* la había enviado con un mensaje para la iglesia y ella tenía que predicar esa noche y dar la palabra. Sin embargo, ella había ido con la intención de crear un ambiente hostil y con una misión satánica, perversa y antagónica.

Mientras ella hablaba, el *Ruaj Hakodesh* le reveló al pastor a través del discernimiento espiritual quién era la mujer en realidad y lo que existía verdaderamente detrás de sus intenciones. Cuando el pastor la confrontó, ella cayó al suelo postrada, fue libre esa misma noche y abrió su corazón a Jesús, pasó de las tinieblas a la luz.

Cuando tenemos el discernimiento espiritual, somos un muro de contención para detener, romper, destruir todo plan de Satanás en el nombre de Jesús. Como dijo Leslie B. Flynn: «No todo religioso debe ser aceptado como verdaderamente cristiano y bíblico. Para distinguir lo espurio de lo genuino necesitamos discernimiento. Deberíamos estar especialmente agradecidos por aquellos que tienen el don de discernimiento».

A continuación, resumiré en cuatro puntos por qué el discernimiento espiritual es necesario:

1. Actúa como un medio de protección para no ser engañados espiritualmente. Nos protege de ser arrastrados por los vientos de la enseñanza que hacen central un elemento del evangelio que es periférico o tratan una aplicación particular de las Escrituras como si fuera el mensaje central de ellas.

2. El discernimiento también actúa como un instrumento de curación cuando se ejerce en gracia, pero cuando se ejerce con amor, el discernimiento puede ser el bisturí quirúrgico en la cirugía espiritual que hace posible la curación.

3. El discernimiento funciona como clave para la libertad cristiana. El crecimiento en el discernimiento nos libera de esas ataduras religiosas y dogmáticas, lo que nos permite distinguir las prác-

ticas que pueden ser útiles en algunas circunstancias de las que son obligatorias en todas ellas. Pero, de otra manera, el verdadero discernimiento permite al cristiano libre reconocer que el ejercicio de la libertad no es esencial para su disfrute.

4. El discernimiento sirve como catalizador para el desarrollo espiritual: «*El escarnecedor busca la sabiduría en vano, más el conocimiento viene fácilmente a alguien con discernimiento*» *(Proverbios 14: 6, Biblia Kadosh)*, puesto que el cristiano que discierne va al meollo del asunto. Él sabe algo de todo, es decir, que todas las cosas tienen su fuente común en Dios. El aumento del conocimiento, por lo tanto, no conduce a una mayor frustración, sino a un reconocimiento más profundo de la armonía de todas las obras y palabras de Dios.

El discernimiento espiritual es tan necesario que nos ayudará de las siguientes maneras:

1. El discernimiento nos debe ayudar a entender la voluntad de Dios cuando renovamos nuestra mente *(Romanos 12:2)*. Una versión dice: «*No conformen su mentalidad a la de este mundo, sino transfórmense mediante la renovación de su mente, para poder discernir cuál es la voluntad de Dios; lo bueno, lo que le es agradable, lo perfecto*».

2. El discernimiento nos debe llevar a realizar juicios correctos. La Biblia dice: «*juzguemos con justo juicio*» *(Juan 7:24)*.

3. El discernimiento nos ayuda a reconocer la voz de Dios. Debemos determinar cuándo Dios nos está hablando. La Escritura dice que el Señor es nues-

tro Pastor y que, como ovejas suyas, debemos reconocer su voz *(Juan 10:4)*. Recuerde que Dios nunca nos va a hablar algo contrario a su Palabra.

Afilando el discernimiento espiritual

EL término **afilar el discernimiento** hace referencia a la importancia de mantener los sentidos espirituales actualizados y sensibles a la dirección del Espíritu Santo. Sin confiar ni apoyarse en experiencias pasadas ni adaptando al sistema de este mundo, «*...sino transformaos mediante la renovación de vuestra mente, para que verifiquéis cuál es la voluntad de Dios: lo que es bueno, aceptable y perfecto» (Romanos 12:2)*.

Abraham Lincoln, uno de los presidentes más trascendentales en la historia de los Estados Unidos de América, dijo en una ocasión: «Si tengo ocho horas para cortar un árbol, invertiría las primeras seis horas en afilar el hacha». Esta expresión habla sobre la importancia y la diferencia cuando tomamos decisión y somos guiados por el Espíritu de Verdad. **Todo nuestro esfuerzo y empeño no deben estar enfocados hacia el resultado, sino buscar la dirección de Aquel (Jesús), por medio de quien obtendremos los resultados.**

El discernimiento tiene que entrenarse correctamente. Una palabra relacionada con el discernimiento es aguzar o afilar, es decir, sacar filo o punta de una cosa, hacerla más aguda o delgada. Nuestro discernimiento, al igual que los cuchillos, debe agudizarse más, por eso es necesario afilarlo constantemente, tal como dice la Escritura, que el hierro se afila con el hierro *(Proverbios 27:17 NVI)*. Para afilar un cuchillo se necesita una piedra afiladora para poder realinear la punta del cuchillo que se desgasta embotándola con el uso.

En este caso, nuestro discernimiento se afila con una *roca* y esta es la piedra que los constructores despreciaron, pero que se ha convertido en la piedra principal *(Hechos 4:11)*. Este Jesús es la piedra, nuestro filo para poder discernir, entender y afilar nuestros sentidos espirituales.

A continuación, veamos tres versiones diferentes de *Eclesiastés 10:10*:

- *«Si el hacha se desafila y no se la vuelve a afilar, habrá que golpear con más fuerza. Vale más hacer las cosas bien y con sabiduría» (DHH)*.

- *«Si el hierro está embotado y él no ha amolado su filo, entonces tiene que ejercer más fuerza; la sabiduría tiene la ventaja de impartir éxito» (LBLA)*.

- *«El hacha sin filo no corta. Si no se le saca filo, hay que golpear con más fuerza. Si quieres prosperar, tienes que saber qué hacer y hacerlo bien» (TLA)*.

El común denominador aquí es que el hacha debe afilarse para poder prosperar, para impartir éxito y para tener sabiduría. El hacha tiene que encontrarse con la piedra para volverla a su estado original, dado que el uso desgasta y aquí es donde radica la clave. **Volverse a Dios, encontrarse con la roca, la piedra que nos dará la forma necesaria para poder emprender todo lo necesario de forma productiva y eficaz.**

No hay límite para lo agudo que puede llegar a ser tu discernimiento; es puramente una cuestión de renovar tu mente y rendirte a los pies de Cristo. Puedes llegar a un nivel donde el simple hecho de escuchar una oración pronunciada por otro revelará los espíritus que operan a través de ellos, donde al recibir una llamada telefónica, el Espíritu te pueda revelar la intención de esta sin necesidad de contestarla, los niveles son ilimitados.

Cuando el Señor abre nuestra conciencia de las atmósferas espirituales, nuestras mentes y emociones pueden sentirse fuera de control porque aún no sabemos cómo procesar lo que estamos experimentando. A medida que confiamos en el Señor y caminamos con Él, Él nos enseña cómo enfrentarnos al ver y sentir la vida como Él lo hace.

Jesús tenía plena conciencia del corazón de los hombres *(Lucas 9:47)*. Esto vino a través de su conexión con el Padre por el Espíritu Santo. Podemos ver y experimentar el mundo exactamente como lo hizo Jesús por este mismo Espíritu. Se nos ha dado la fe de Jesús fortalecida por la mente de Cristo. A medida que continuamos renovando nuestras mentes, creceremos en la conciencia y aplicación de nuestra herencia celestial ilimitada.

La pregunta en cuestión sería: «¿Qué podemos hacer para desarrollar o afilar un discernimiento espiritual mayor?».

Primero, debemos reconocer que el discernimiento es algo que debemos anhelar o desear ardientemente *(1 Corintios 14:1 LBLA y 14:12 RVR1960)*. También debemos buscarlo *(Proverbios 2:1-5)*. No es algo que llega en automático, sino que es un proceso de nuestras mentes y corazones siendo renovados a medida que practicamos los principios espirituales que mostraremos a continuación, dado que existen varias maneras de aguzar nuestro discernimiento en lo espiritual (esta lista no es exhaustiva):

- **Meditando en la Palabra de Dios.** El Salmista declaró en el *Salmo 119:99*: «*Tengo más discernimiento que todos mis maestros, porque tus testimonios son mi meditación*» *(LBLA)*.

La clave que llevó al Salmista a llegar a este nivel de confianza, seguridad y conclusión era que su meditación, delicia y fundamento era la Palabra de Dios. Cuando meditamos en la Palabra de Dios, ella es la lámpara que guía nuestros caminos y la luz que nos llevará a puerto seguro, ayudándonos a discernir lo que pasa en el mundo natural a través de los sentidos espirituales.

Muchas veces, subestimamos el valor de dedicar tiempo en estudiar y meditar la Palabra de Dios. Como se le recomendó a Josué: «*Medita día y noche el libro de esta ley teniéndolo siempre en tus labios; si obras en todo conforme a lo que se prescribe en él, prosperarás y tendrás éxito en todo cuanto emprendas*» *(Josué 1:8 BLP)*. **El éxito está en la meditación de la Palabra de Dios.**

«*Por lo tanto, esto dice el Señor Soberano: ¡Miren! Pongo una piedra de cimiento en Jerusalén, una piedra sólida y probada. Es una preciosa piedra principal sobre la cual se puede construir con seguridad. El que crea jamás será sacudido*» *(Isaías 28:16 NTV)*. Jesús es el fundamento en quien podemos estimular y ejercitar el discernimiento espiritual.

Jesús es el fundamento en quien podemos estimular y ejercitar el discernimiento espiritual.

Es importante notar que la *Palabra* en cuestión no es otra, sino el Señor Jesucristo mismo. Llegamos a esta conclusión porque Juan *(Juan 1:1, 14)* habla de Jesús como el Verbo o Palabra (en griego, el mismo vocablo) y porque el texto personifica la Palabra: es viva; es una Palabra que puede discernir, y el que vive, y ni aun la muerte lo pudo detener, es Jesús por quien fueron creadas todas las cosas, las que hay en los cielos y las que hay en la tierra, visibles e invisibles; sean tronos, sean dominios, sean principados, sean potestades; todo fue creado por medio de Él y para Él *(Colosenses 1:16)*.

«*Porque la palabra de Dios es viva y eficaz, y más cortante que toda espada de dos filos; y penetra hasta partir el alma y el espíritu, las coyunturas y los tuétanos, y discierne los pensamientos y las intenciones del corazón*» *(Hebreos 4:12)*.

La Palabra de Dios es viva y eficaz. Es viva, llena de la vitalidad de Dios y por lo tanto indestructible e imperecedera. También es *eficaz*, porque la palabra hace cosas. No es pasiva ni anticuada, sino siempre actual y efectiva como dijo Dios por medio del profeta **Isaías**: «*... No volverá a mí vacía, sino que hará lo que yo quiero y será prosperada en aquello para lo cual la envié*» *(55:11)*. Esta palabra divina no solo es viva, sino eficaz, es decir, activa para convencer, escudriñar, revelar.

En este verso de hebreos vemos uno de los resultados de la palabra y es que «discierne los pensamientos y las intenciones del corazón». La palabra griega del original, *kritikos*, significa «criticar» o «juzgar», y solo se encuentra aquí en el Nuevo Testamento. Este término sugiere que discrimina y juzga los pensamientos y las intenciones del corazón. La Palabra de Dios, pues, penetra hasta los rincones más recónditos de nuestro ser; puede juzgar nuestros pensamientos antes que se conviertan en palabras, y nuestras intenciones antes que lleguen a ser acciones[17].

La Palabra nos ayuda a discernir lo que es de Dios y lo que solo lo es en apariencia.

La Biblia nos comunica los principios de la verdadera espiritualidad, en contraste con la pseudoespiritualidad que vemos a nuestro alrededor. Nos proporciona elementos de juicio para poder entendernos a nosotros mismos y a los demás. La Palabra, por lo tanto, nos ayuda a identificar el verdadero pueblo de Dios y a entender lo que ha pasado cuando aquellos que parecían ser pueblo de Dios dejan de serlo.

---

[17] Morris, C. A. (1999). Comentario bíblico del continente nuevo. Hebreos (p. 43).

La Palabra nos ayuda a escudriñar nuestro propio corazón para ver si pertenecemos al Señor o no. Nos sirve como espejo donde podemos examinarnos. En esto sabemos que somos de Dios, dice el Apóstol Juan en varias ocasiones en su primera epístola, y procede a señalarnos varios principios por los que podemos examinarnos a nosotros mismos[18]

Cuando leemos *Hebreos 5:13-14*, encontramos que tenemos que alimentarnos con la comida sólida de la Palabra de Dios, la cual se muestra como una espada aguda *(Efesios 6:17)* realineando el filo del discernimiento. Meditar en la Palabra hace que nuestro espíritu se active a dicha Palabra (leer *Salmos 77:6*).

Cuando meditamos, nuestro espíritu también medita e indaga. **Si usamos la Palabra de Dios regularmente, nuestra intuición, percepción, sentido común, entendimiento y discernimiento se ejercitan para funcionar correctamente.**

- **Por medio de otros hermanos en la fe:** usando la misma analogía del proverbista mencionado al inicio de esta sección sobre la importancia de afilar y mantener el hacha (sentido espiritual) afilada, vemos otro consejo:

«Como el hierro se afila con hierro, así un amigo se afila con su amigo» (Proverbios 27:17 NTV).

---

[18] Burt, D. F. (1994). <u>Un Reposo para el Pueblo de Dios</u>, Hebreos 3:1–4:13 (Vol. 131, pp. 210–211).

La interacción entre dos personas puede mejorar a las dos personas. Tal inspiración se refleja en *1 Tesalonicenses 5:11*, que dice: «*...animaos los unos a los otros, y edificaos los unos a los otros...*». Por supuesto, el lado opuesto también tiene razón: «Una manzana podrida pudre a las demás». Por lo que la Palabra nos recomienda evitar las malas conversaciones:

«*¡No se dejen engañar! Bien dice el dicho, que "Las malas amistades echan a perder las buenas costumbres"*» *(1 Corintios 15:33 TLA)*.

Cuando compartimos y aprendemos junto a otros, nos afilamos mutuamente el entendimiento y discernimiento de la misma forma que el hierro le da filo al hierro. Es por esto por lo que los rabíes de la antigüedad sostenían que estudiar con otros llevaba a un conocimiento más pleno y exacto. Cuando todo nuestro aprendizaje transcurre a solas, existe la posibilidad de que, sin la corrección de los demás, nos desviemos[19]. La Palabra declara:

«*Más valen dos que uno, porque obtienen más fruto de su esfuerzo. Si caen, el uno levanta al otro. ¡Ay del que cae y no tiene quien lo levante!*» *(Eclesiastés 4:9-10 NVI)*.

Recuerda que tu afilador, para que sea eficaz, debe ser de mayor poder o fuerza.

Para agudizar tu discernimiento, necesitas de otras personas con más madurez, cuyas vidas y acciones te insten a vivir en rectitud, personas fir-

---

[19] Ehlke, R. C. (2001). Proverbios. (J. C. Jeske & G. P. Baumler, Eds.) (pp. 291–292).

mes y que no siempre estarán de acuerdo con lo que tú haces, pero siempre buscarán lo mejor para tu bienestar espiritual, emocional y físico.

A veces, notamos casos de personas espirituales que buscan consejo en personas que no entienden ni una chispa de los asuntos del reino. Aunque sus intenciones aparentan ser muy buenas, **las personas comunes no podrán discernir los asuntos espirituales.** Los que no tienen el Espíritu de Dios no aceptan las enseñanzas espirituales, pues las consideran una tontería. Y tampoco pueden entenderlas, porque no tienen el Espíritu de Dios *(1 Corintios 2:14 TLA).*

Es por esto por lo que el proverbista vuelve a aconsejarnos y a decirnos que: «*El que anda con sabios, sabio será; Mas el que se junta con necios será quebrantado*» *(Proverbios 13:20).* Por lo tanto, una manera de llegar a ser sabios es juntarse con sabios, incluyendo compañeros y maestros. Lo opuesto es juntarse con necios, lo cual acarrea problemas. Las palabras hebreas que se traducen: *se junta* (rōʻeh) y *será quebrantado* (yērôaʻ) suenan parecidas. Es por esta razón que la influencia de las compañías buenas y malas es uno de los temas comunes en *Proverbios (1:10–11; 2:12; 4:14–17; 16:29; 22:24–25; 23:20–21; 28:7)*[20], ya que estos determinarán proporcionalmente y definirán directamente nuestra forma de afrontar y ver la vida.

---

[20] Walvoord, J. F., & Zuck, R. B. (2000). El conocimiento bíblico, un comentario expositivo. Antiguo Testamento, tomo 4: Job-Cantar de los Cantares (p. 300).

Algo que distinguió la iglesia primitiva *(Hechos 4)* y que sirvió como un medio para que ellos se fortalecieran y crecieran a pesar de las presiones por parte de los líderes religiosos era que ellos tenían todas las cosas en común y se fortalecían mutuamente en medio del ambiente hostil donde estaban viviendo. La *koinonia* y hermandad fue algo que permitió discernir los tiempos que ellos vivieron y aun frente a los chantajes de los gobernantes, los ancianos, los escribas y todos sus secuaces.

Esta unidad y hermandad se refleja cuando Pedro aun estando preso, la iglesia oraba constantemente a Dios por él *(Hechos 12:5 PDT)*. Ellos discernieron los tiempos y las amenazas; y en vez de lamentarse, quejarse y renunciar al llamado y gran comisión, entendieron que las grandes batallas se logran orando. Cuando discernimos los tiempos, usamos las estrategias correctas en el momento oportuno.

Cuando discernimos los tiempos, usamos las estrategias correctas en el momento oportuno.

- **Oración con discernimiento:** Otra forma de agudizar el discernimiento es mediante la oración en el Espíritu. No estamos hablando de una oración egocéntrica ni basada en las necesidades personales, sino una oración guiada por el Espíritu de Dios.

La oración bíblica no tiene su enfoque en las manifestaciones externas, sino en una comunión íntima del espíritu con Dios, regida por un conocimiento lo más amplio y profundo posible de la Palabra de Dios. «*¿Qué, pues? Oraré con el espíritu, pero oraré también con el entendimiento*» *(1 Corintios 14: 15ª)*.

Orar en el Espíritu nos hace sensibles a lo espiritual y podemos captar la perspectiva de Dios, podemos ver lo que Él ve y somos guiados en el poder del Espíritu de Dios. Un ejemplo es Esteban *(Hechos 7:55)*, cuando estuvo a punto de ser apedreado, fue lleno del Espíritu Santo y tuvo una visión del cielo. Había una conexión en esa llenura espiritual y la visión.

Debemos recordar que la vida cristiana y espiritual no depende totalmente del intelecto, pero el cristiano necesita del intelecto para disfrutar plenamente de la experiencia cristiana. **Omitir el entendimiento es ser infructífero.**

Cuando oramos en el Espíritu, podemos discernir las necesidades y oramos de una forma más efectiva en cuanto a las necesidades. Recuerdo una ocasión, en un servicio de oración en nuestra congregación, el Espíritu me guio y me dijo: *«levanta un clamor ordenando a todo espíritu de muerte salir de esta comunidad».* En ese momento, le dije a los hermanos que nos uniéramos en oración y todos levantamos un clamor guiado por el Espíritu. A los diez minutos, entró un hombre a nuestra congregación con un arma de fuego (Glock 9 mm), diciendo que había salido para vengar la violación de una hija, y cuando vio al imputado, él trató de vengarse, pero en ese instante, algo le dijo que no lo hiciera, él comenzó a temblar y salió corriendo y entró a la iglesia. Cuando entró llorando, le ministramos liberación y Dios hizo la obra.

Eso es orar en el Espíritu, que, cuando oramos, podemos discernir las necesidades y orar de una forma más efectiva entendiendo los tiempos. Cuando desarrollamos el discernimiento mediante la oración, estamos atentos a Dios de un modo más íntimo que, con el tiempo, desarrollamos esa percepción intuitiva al sentir del corazón de Dios y de sus propósitos.

El discernimiento espiritual es un don de Dios. Por ello, es una cualidad que desarrollamos cuando nos mantenemos firmes en la oración y la lectura de la Biblia. Cuanto más tiempo dediquemos a ello, nuestra mente se mantendrá llenándose de los pensamientos de Dios. Para que así sea, tenemos que vigilar lo que permitimos entrar a nuestra mente, porque la manera de pensar del mundo doblegará el discernimiento espiritual, pasamos dos o tres horas viendo televisión y apenas diez minutos leyendo la Biblia. Esto solo alejará y amoldará nuestro discernimiento. Pasar más tiempo en los asuntos del Reino y menos entretenidos en el mundo nos ayudará a agudizar el sentido espiritual.

El discernimiento espiritual lo desarrollamos cuando nos mantenemos firmes en la oración y la lectura de la Biblia.

El momento para comenzar a desarrollar y a agudizar el discernimiento es ahora mismo. Tú no puedes permitirte esperar hasta que enfrentes una decisión crítica o utilizar a Dios como un «911». El buen juicio se produce en la medida que nuestros sentidos son ejercitados en el discernimiento del bien y del mal.

La capacidad de discernir y hacer la voluntad de Dios viene de mantener una amistad, una intimidad con Dios, cultivada a través de la oración, la quietud y una conciencia despierta.

Cree en la bondad de Dios, no solo creer en la bondad general, sino creer que Dios es bueno con nosotros también y sus planes son de bienestar y de bendición para nuestra vida *(Jeremías 29:11)*.

La práctica del discernimiento requiere fe arraigada en la realidad de la presencia de Dios y en la acción del Espíritu Santo en medio de nuestra experiencia diaria. Presupone que la voluntad de Dios continúa siendo revelada según sea necesario en la medida en que podamos oírla y responder a ella.

El amor constituye nuestro principal llamado. El amor desafía nuestra manera egocéntrica de vivir y nos ayuda a comprender más la voluntad de Dios y de servir a otras personas, puesto que no solamente es necesario el conocimiento para poder discernir, sino también abundar en su amor. Cree que Dios se comunica con nosotros por medio del Espíritu Santo y que el Espíritu Santo nos ayuda guiándonos hacia toda verdad *(1 Corintios 2:9-12)*.

CAPÍTULO III

Los riesgos de ignorar el Don del Discernimiento Espiritual

«Por eso va cautivo mi pueblo por falta de discernimiento; sus notables están muertos de hambre y su multitud reseca de sed»
(Isaías 5:13 LBLA).

Una de las faltas más grandes dentro del pueblo de Dios es la ignorancia, la falta de conocimiento de Dios. Y el peligro de la ignorancia es que nos hace hacer, decir, pensar y seguir cosas erróneas y que van muchas veces en contra del propósito de Dios.

La falta de conocimiento primero lleva a la persona a la esclavitud y después a la destrucción. El significado bíblico de *cautividad* está íntimamente ligado al de *esclavitud*. El *Diccionario general de la lengua española* define la *Cautividad* como: «Estado de la persona o animal al que se ha privado de libertad».

Por lo que, tanto **cautiverio** como **cautividad** indican la falta de libertad de la persona que está en poder de un enemigo. **La esclavitud** significa convertirse en propiedad o hacienda del amo. Todo esclavo es un cautivo, pero no viceversa[21].

La falta de discernimiento produce destrucción espiritual, puesto que muchas personas, sin darse cuenta, están en un lugar que se llama iglesia, pero operan como una secta donde ya no son guiadas por amor, sino por la manipulación y sujeción; donde ya la Biblia no se aplica para dar vida, sino para intimidar, mantener a las personas cautivas, privadas de la libertad en Cristo y lucrar los propósitos personales de un líder y no los del reino. Por esto vemos personas que ya no hablan lo que la Biblia enseña o nos dice, sino lo que el hombre interpreta de la misma.

---

[21] Foronda, E. P. (2007). Diccionario manual de sinónimos y antónimos de la lengua española (p. 163).

Mis amados, existe un gran peligro en usar la Biblia para apoyar caprichos, deseos y anhelos personales. Es por esto por lo que grandes catástrofes se han cometido en el mundo usando incorrectamente las Escrituras para apoyar decisiones que *NO* provienen de Dios.

A continuación, presentaré algunos ejemplos de decisiones que se tomaron en ausencia del discernimiento y lo peligroso que es esto:

- Un cruzado del siglo XII utilizó el *salmo 137:9* que dice: *«Dichoso el que tomare y estrellare tus hijos contra la peña»* para justificar el crimen brutal del bebé de un musulmán.

- Durante la época colonial en América y Sudáfrica, los colonizadores europeos se apropiaron de la tierra de los pueblos nativos citando como base bíblica la orden dada por Dios a Josué de matar a los cananeos y apoderarse de su tierra.

- En la Alemania nazi se efectuaban reuniones en las que ministros explicaban que la exterminación de los judíos era «la voluntad de Dios» porque ellos mismos habían pedido que la sangre de Cristo fuera sobre la cabeza de sus hijos *(Mateo 27:25)*.

Esto no son datos solo del pasado, hoy en día, a pesar de los avances tecnológicos, existen personas que aplican y predican la Biblia de forma caprichosa, arbitraria y por manipulación, sin ningún respeto y apego al texto y con falta del discernimiento espiritual.

Esta apatía produce un efecto dominó, porque no solo afecta lo espiritual, sino también lo emocional y hasta lo físico.

Es por esto por lo que vemos hoy en día a tantas personas con problemas emocionales dentro de las iglesias, se esclavizan al desánimo, les creen más a las mentiras de Satanás que a las verdades eternas descritas por Dios. Es importante aclarar que los hombres y mujeres de Dios en la Biblia vivieron momentos de depresión, soledad y hasta desearon la muerte, como en el caso de Elías; **pero una cosa es pasar por el desierto; otra, vivir en un desierto,** y el Eterno no nos diseñó para vivir en esa desolación, sino para cruzar y llegar a la tierra prometida.

El profeta lo declaró: «*Mi pueblo fue destruido, porque le faltó conocimiento. Por cuanto desechaste el conocimiento, yo te echaré del sacerdocio; y porque olvidaste la ley de tu Dios, también yo me olvidaré de tus hijos*» **(Oseas 4:6).**

Cuando no existe conocimiento, no puede haber discernimiento, puesto que estos están estrechamente relacionados y la ausencia de uno de ellos puede llevar a la destrucción.

Aunque sea difícil de creer, en medio de una generación que tiene acceso a la información en la palma de su mano o con solo darle click a un botón, vemos personas ignorantes de las cosas que deben manejar y entender. Espera, no te ofendas con esa palabra.

En una ocasión, dijo Albert Einstein: «*Todos somos ignorantes. Lo que ocurre es que no todos ignoramos las mismas cosas*». Este hombre reconocido y considerado uno de los sabios e intelectuales más grandes del mundo reconoció y dijo que podía ser un ignorante en algunas áreas porque él no lo sabía todo. Sin embargo, en su área fue uno de los más destacados en la historia.

¿Qué es un ignorante? Esta palabra se aplica a la persona que no ha recibido la formación o educación necesarias. Se aplica a la persona que no tiene conocimiento sobre un asunto, tema o materia en particular.

Personalmente, creo que este es el meollo del asunto en estos tiempos. Las personas conocen más de otras cosas que de los asuntos de Dios. Conocen la última serie de Netflix, pero no conocen su Biblia, reconocen la voz de cualquier artista o famoso, pero no conocen la voz de su Padre (el Eterno Dios) cuando le habla a su espíritu.

> *No podemos ser intelectuales en lo terrenal*
> *y neófitos en lo espiritual.*

Debemos comprender la gravedad de este peligro, no es un juego o algo sencillo, es algo muy serio. No podemos ser ignorantes de la Palabra de Dios, porque eso equivale a vivir preso, es como si nosotros matáramos a una persona y dijéramos «no lo sabía», eso no va a impedir que la ley se cumpla, seremos juzgados de acuerdo con nuestros hechos sin importar si ignorábamos que eran delitos. De igual manera es en lo espiritual, Dios me va a juzgar de acuerdo con lo que yo he hecho. Y delante de Dios, somos inexcusables.

El Apóstol Pablo de la misma manera nos hace hincapié o nos recuerda que NO podemos ser ignorantes antes las maquinaciones del enemigo. Es importante notar que no ignoramos sus maquinaciones. «ignoramos» y «maquinaciones» son palabras similares en sonido y raíz en el griego: «No desconocemos sus astucias conocedoras». Cuando hablamos de una maquinación, nos referimos a una acción o plan, generalmente malintencionado, preparado en secreto y con astucia para conseguir un fin, o sea una trampa.

Tenemos que estar alerta, al tanto, porque nuestra lucha espiritual no es contra sangre ni carne, *«para que Satanás no gane ventaja alguna sobre nosotros; pues no ignoramos sus maquinaciones» (2 Corintios 2:11)*.

Para no permitir que ninguna ventaja sea ganada sobre nosotros por Satanás, debemos ser como David que le llevó la delantera a Goliat.

En los asuntos espirituales no podemos descuidarnos, titubear, mucho menos entretenernos.

«Sucedió que cuando el filisteo se levantó y se fue acercando para enfrentarse a David, este corrió rápidamente hacia el frente de batalla para enfrentarse al filisteo. ⁴⁹David metió la mano en su saco, sacó de él una piedra, la lanzó con la honda, e hirió al filisteo en la frente. La piedra se hundió en su frente y Goliat cayó a tierra sobre su rostro» (1 Samuel 17:48-49 LBLA).

Las Apariencias

Al carecer de este don tan imprescindible y necesario para este tiempo, se acarrea el gravísimo error de **rechazar lo que Dios aprueba y aceptar lo que Dios ha desechado.** Esto conduce a vivir una vida según las apariencias y eso es muy peligroso. El Eterno en una ocasión confrontó al gran profeta Samuel cuando este iba en una asignación a ungir al próximo rey de Israel.

Cuando Samuel iba en esta misión, cayó en el mismo error anterior de dejarse impresionar por la apariencia externa y no ser guiado por el Espíritu de Dios. Cuando Isaí llamó a su hijo mayor, Eliab, Samuel pensó que seguramente el joven alto y de porte majestuoso era el ungido de Jehová. Recordemos en *1 Samuel 10:24* que el juez y profeta se impresionó con la estatura de Saúl y dijo a todo el pueblo: «*¿Habéis visto al que ha elegido Jehová, que no hay semejante a él en todo el pueblo? Entonces el pueblo clamó con alegría, diciendo: !!Viva el rey!*»

Sin embargo, **el hombre mira lo que está delante de sus ojos, pero Jehová mira el corazón** y cuando somos guiados por Dios, vemos como el Eterno ve. «*Pero el Señor dijo a Samuel: No mires a su apariencia, ni a lo alto de su estatura, porque lo he desechado; pues Dios ve no como el hombre ve, pues el hombre mira la apariencia exterior, pero el Señor mira el corazón*» *(1 Samuel 16:7 LBLA).*

Es importante que recordemos esto, porque somos demasiado rápidos para juzgar por las apariencias cuando estas pueden ser engañosas.

Entonces, si Jehová no mira lo que mira el hombre, porque este mira lo que está delante de sus ojos, veremos lo que Dios No considera, que usualmente es el estándar de los humanos. El Señor no busca:

- La hermosa presencia.
- La estatura física.
- La madurez de edad.
- El rango o la posición económica o social.
- El conocimiento.

Aunque todo lo anterior es necesario e importante, debemos notar que este no es el estándar de Dios. Jehová mira el corazón y *su comunión íntima es con los que le temen, Y a ellos hará conocer su pacto (Salmos 25:14)*. A este tipo de personas, el Eterno imparte su Espíritu y les muestra las cosas espirituales.

Al inicio de nuestro ministerio pastoral, éramos muy jóvenes, yo tenía alrededor de veintisiete años y era sumamente delgado, lo que me llevaba a ver aún más joven. Recuerdo que, en algunas ocasiones, en reuniones de pastores, me acompañaba uno de los diáconos (que es una persona adulta hasta con nietos) y cuando los otros pastores lo veían a él y esperaban al pastor de poder y sabiduría de Dios, le decían: «Dios le bendiga, Pastor» y él les decía: «No, yo no soy el pastor, ese jovencito es mi pastor». Esto me trae a colación aquella expresión dominicana: «De cualquier yagua vieja, sale tremendo alacrán», que significa «no subestimes a nadie o te puedes llevar una gran sorpresa».

Como nos aconsejó nuestro Salvador Jesucristo: *«Miren más allá de la superficie, para poder juzgar correctamente» (Juan 7:24 NTV)*. No podemos limitar lo que Dios hará solo por las apariencias, debemos abrir nuestros ojos y saber que, aun en medio del desierto, Dios es el que provee el manantial.

Esto también aplica a lo ministerial, vemos personal catalogando el éxito de un ministerio por lo grande de la congregación, por los seguidores que una persona pueda tener en las redes sociales, o quizás por la cuenta bancaria o por cuánto es usada esa persona por Dios. Sin embargo, aunque estas pueden ser un resultado, no necesariamente es el indicador de cuán cerca o lejos Dios esté de nosotros.

Vemos el caso de Saúl, que estaba en el palacio, pero Dios no estaba con él, mientras que, cuando José estaba en la cárcel, Dios estaba con él. De acuerdo con los estándares humanos, Dios estaba con Saúl y José estaba bajo pecado o algún tipo de maldición; pero en lo espiritual, los infortunios de la vida no dictan cuán lejos o cerca está Dios de nosotros. Es por esto por lo que, cuando discernimos los tiempos, no caemos en los errores del momento ni corremos con la mayoría, sino con el Espíritu de verdad.

Es mejor estar en la cárcel y tener a Dios que estar en el palacio siendo rechazado por Él.

Claro, realmente, lo ideal sería estar con Dios y en el Palacio, pero tú entiendes la analogía.

Probando los espíritus

Hoy en día, las personas no quieren ser confrontadas, se sienten ofendidas si sus acciones se someten a prueba espiritual para asegurarnos de que están siendo dirigidos por Dios y no por sus caprichos. Sin embargo, el Apóstol Juan nos recomienda: *«Amados, no creáis a todo espíritu, sino probad los espíritus para ver si son de Dios, porque muchos falsos profetas han salido al mundo» (1 Juan 4:1 LBLA).*

Las Escrituras nos hablan de discernir los espíritus *(1 Corintios 12:10)* y nos animan a probar los espíritus si son de Dios *(1 Juan 4:1)*. Este aspecto del discernimiento nos ayuda a distinguir entre lo real y las falsificaciones de Satanás, ya que se disfraza de ángel de luz *(2 Corintios 11:14)*. También hablan de examinarlo todo y retener lo bueno *(1 Tesalonicenses 5:21-22)*.

Para comenzar, es menester distinguir entre el Espíritu de Dios y los falsos espíritus. Este paso es necesario a la luz de que muchos falsos profetas han salido por el mundo. Para probar a esos espíritus (falsos profetas) es importante ver cuál es su actitud hacia la persona de Jesucristo encarnado, porque, hoy en día, muchas personas están negando la deidad de nuestro Salvador.

Es por esto la recomendación de Juan: *«Pero ésta es la mejor manera de reconocer el Espíritu de Dios: Todo espíritu que confiesa que Jesucristo ha venido en carne, es de Dios; ³y todo espíritu que no confiesa a Jesús, no es de Dios. Éste es el espíritu del anticristo, el cual ustedes han oído que viene, y que ya está en el mundo» (1 Juan 4:2-3 RVC).*

El espíritu del anticristo está en vigencia desde la manifestación de nuestro Salvador Jesucristo. Este espíritu se levanta en contra de todo lo que es Dios, por lo que necesitamos discernir el origen de cada manifestación dentro y fuera de la Iglesia.

Nosotros tenemos la obligación espiritual de sopesar las conductas y acciones de las personas para discernir el origen de estas. Cualquiera que niegue la autoridad de la Palabra escrita en y para la iglesia se acerca mucho a pasar por alto al Cristo que es la Palabra viva de Dios, y de quien trata la Palabra escrita.

La Palabra enseña un caso muy peculiar y es el de los hermanos en Berea que, aunque los que estaban predicando eran nada más y nada menos que Pablo y Silas, estos dudaban: «*Y éstos eran más nobles que los que estaban en Tesalónica, pues recibieron la palabra con toda solicitud, escudriñando cada día las Escrituras para ver si estas cosas eran así*» *(Hechos 17:11)*.

Estos escudriñaban cada día las Escrituras para ver si estas cosas que Pablo y Silas decían eran ciertas; es decir, si era verdadera la interpretación cristiana que los apóstoles daban a las Escrituras del Antiguo Testamento. Así que, por esta razón, creyeron muchos de ellos, estaban convencidos de que Jesús de Nazaret, a quien Pablo predicaba, era de veras la gran promesa y el tema del Antiguo Testamento[22].

De esto podemos aprender varios principios que son necesarios e innegables hoy en día:

---

[22] Jamieson, R., Fausset, A. R., & Brown, D. (2002). Comentario exegético y explicativo de la Biblia. Tomo 2: El Nuevo Testamento (p. 273).

1. Que el pueblo, no menos que los ministros de la iglesia, tiene el derecho y la obligación de estudiar las Escrituras.

2. Que tienen el derecho y la obligación de juzgar, bajo su propia responsabilidad, si la enseñanza que reciben de los ministros de la iglesia está de acuerdo con la Palabra de Dios.

3. Que no se debe exigir, ni puede ser de valor, ninguna fe que no resulte de la convicción personal.

Algunos piensan que la responsabilidad de discernir lo espiritual radica en los líderes solamente, sin embargo, es una responsabilidad colectiva, no solo del clero, sino de todos.

> *Todos tenemos la responsabilidad de discernir lo espiritual.*

Hoy en día, los altares se han convertido en un lugar para proyectar el humanismo y la falta de amor y perdón entre los hermanos con predicaciones azucaradas y atractivas al paladar natural, pero con falta de fundamentos bíblicos, y esta es una estrategia del enemigo en estos últimos tiempos.

Es por esto por lo que debemos ser conscientes de las predicaciones que aplaudimos, que compartimos, que le decimos *Amén*, porque **no podemos ser parte del entretenimiento, sino de la solución** en estos tiempos.

Por ejemplo, uno de los ministerios más impactantes, poderosos y edificantes dentro de las iglesias, dicho sea de paso, el que menos se predica y se busca es el ministerio de la reconciliación.

La reconciliación es el restablecimiento de la concordia y la amistad entre dos o más partes enemistadas. Por lo tanto, la palabra *reconciliación* significa restablecer, restituir, conciliar, cambiar algo que estaba en un estado opuesto a otro.

¿A dónde vamos a parar con predicaciones y/o conferencias satánicas, carnales e infernales con mensajes subliminales y un pueblo que no sabe discernir y entender lo que se promueve detrás de cada expresión? Como, por ejemplo:

1. «El que no estuvo en mi desierto, no estará en el palacio».

2. «Los Judas se ahorcan solos» o «cuidado con los Judas que son los que están más cerca de ti».

3. «Dios preparará un banquete para que mis enemigos me vean».

4. «Dios te va a bendecir donde otros te humillaron».

Todo esto proyecta la egolatría y/o el culto de la personalidad, cuando el que debe y tiene que siempre ser exaltado y glorificado es nuestro Salvador y Señor Jesucristo.

Debemos ser pacificadores. *«Bienaventurados los pacificadores, porque ellos serán llamados hijos de Dios»* **(Mateo 5:9).**

Debemos imitar las cosas espirituales y no aplaudir los mensajes subliminales con contenido tóxicos espirituales.

Y yo me pregunto, si Cristo tomara esa misma postura que muchos inyectan dentro del pueblo, hoy estaríamos a leguas de nuestra redención. El resultado del sacrificio de Jesús es que nuestra relación ha cambiado de enemistad a amistad. *«Ya no os llamaré siervos... pero os he llamado amigos» (Juan 15:15).*

Cristo murió y nos redimió aun sin nosotros merecerlo, aun dándole la espalda a Dios, aun con sus amigos íntimos traicionándole y dejándole solo en el momento más oscuro de su vida. Nuestro modelo y parámetro pudo completar la obra a cabalidad. Es por esto por lo que la Palabra nos recomienda: *«Tengan la misma manera de pensar que tuvo Jesucristo» (Filipenses 2:5 TLA).*

Ahora, tú dirías: «Pastor, pero eso fue Jesús, que era Dios, pero ¿y qué tal de José, que sus hermanos lo vendieron como esclavo, fue privado de ver a su padre, quizás ver su hermanito crecer y jugar con él y muchas otras cosas más?».

José, en el lapso de unas semanas, lo perdió todo. Primero su libertad, al ser echado a un pozo. Luego, su dignidad, cuando fue vendido por unas monedas de plata. Al ser puesto en cadenas, perdió también su futuro y la posibilidad de escoger los caminos por los cuales transitaría. Cuando llegó a Egipto, también perdió la cultura y el idioma de su familia. Comprado por

Potifar como esclavo, perdió también la posibilidad de pertenecer a una familia. ¿Quién podría sobreponerse a semejante catástrofe? ¿Cómo no hundirse en el pozo más hondo de amargura y depresión, almacenando en el corazón odio y rencor hacia los hermanos?

Piensa que, si José hubiese tomado esa actitud diabólica de decir que Él que no había estado con él en el desierto, no hubiese estado tampoco en el palacio.

Pero la Biblia nos muestra que José discernió el momento y dice en *Génesis 50:20 TLA*: «*Sin embargo, José los tranquilizó, y con mucho cariño les dijo: No tengan miedo, que yo no soy Dios. Ustedes quisieron hacerme daño, pero Dios cambió todo para bien…*».

¡Qué actitud! ¡Qué diferencia cuando somos guiados por el espíritu! ¡Qué error hubiese cometido José (destruir una futura nación) si hubiese actuado bajo emoción y no dirección espiritual!

Muchos, sin darse cuenta, están disparándose a ellos mismos, porque la Palabra declara que somos «*un cuerpo, y un Espíritu, como fuisteis también llamados en una misma esperanza de vuestra vocación ;⁵ un Señor, una fe, un bautismo,⁶ un Dios y Padre de todos, el cual es sobre todos, y por todos, y en todos*» *(Efesios 4:4-6)*.

Mis amados, quizás no sea por accidente que el don de discernimiento o de distinguir espíritus siga directamente al de profecía en *1 Corintios 12:10*. Este don es crucial para determinar si una palabra profética viene de Dios, del hombre o del enemigo. Nos provee con una ventana al mundo sobrenatural, esencial para los creyentes en vías de maduración en el mundo de hoy. En *1 Juan 4:1*, el Apóstol nos dice que debemos probar (analizar) cada espíritu para ver si es de Dios.

En una ocasión, Stanley M. Horton dijo: «Una vez más, los plurales indican una variedad de modos en los cuales puede manifestarse este don. Involucra una distinción entre espíritus. Por el hecho de que es mencionado directamente después del don de profecía, se ha sugerido que participa del juzgar mencionado en *1 Corintios 14:29*. Efectivamente, la palabra *discernimiento* involucra la formación de un juicio y tiene relación con la palabra que se usa para juzgar la profecía. Comprende la percepción concedida sobrenaturalmente, distinción entre espíritus, buenos y malos, verdaderos y falsos, con el fin de tomar una decisión».

Hay que poner todo a prueba, incluso a los profetas y al mensaje que se predica. Por tanto, Pablo aconseja: *«Antes bien, examinadlo todo {cuidadosamente}, retened lo bueno» (1 Tesalonicenses 5:21 LBLA)*. Cuando habla de *todo*, esto incluye hasta el mensaje profético que tiene que ser puesto a prueba para evitar errores. *«Examinadlo todo»*, en otras versiones vemos:

- *«Sométanlo todo a prueba»*, **RSV**.

- *«Probadlo todo»*, **NVI**.

- *«Examinad todo cuidadosamente»*, **NASB**.

- *«Por cualquier concepto, usad vuestro juicio»*, **Phillips**.

Las últimas tres exhortaciones en este pasaje parecen equilibrar las dos primeras. El juicio cristiano, el sentido común y el examen cuidadoso de todo son requisitos en la vida de la iglesia[23].

En mi experiencia personal, he visto y conocido cientos de casos de iglesias destruidas, familias y matrimonios fragmentados por no discernir una profecía ni entender el tiempo de esta.

Lo profético está para edificar la Iglesia, pero si no se discierne y se pone a prueba, los espíritus pueden acarrear un gravísimo error espiritual.

Los cristianos que están bien familiarizados con las Escrituras pueden discernir, en humilde dependencia de la enseñanza divina, a los que establecen doctrinas conformes a los apóstoles y a aquellos que les contradicen. Estos tipos de cristianos no son apáticos a lo espiritual, sino que son entendidos a lo que realmente viene de Dios.

En el mundo existen diferentes espíritus, buenos y malos, entonces, debe hallarse alguna norma para juzgarlos. Existe el Espíritu de Dios y el espíritu del anticristo, cada uno poseyendo y manifestándose por medio del hombre. Mateo habla de «*...falsos Cristos, y falsos profetas...*» *(Mateos 24:24)*. Juan se refiere indudablemente a los que designa como «*muchos anticristos*», que «*salieron de nosotros, pero no eran de nosotros*». El que *niega que Jesús es el Cristo* es un *mentiroso* que también *niega al Padre y al Hijo*.

---

[23] Airhart, A. E. (2010). La Primera y Segunda Epístolas a los Tesalonicenses. In *Comentario Bíblico Beacon: Gálatas hasta Filemón (Tomo 9)* (p. 523).

Hay un poder diabólico sobrenatural que opera en el mundo y en las vidas de los hombres. Hay también falsos profetas que sacan mal del bien. A algunos se los encuentra en la iglesia, a aquellos que sustituyen la vitalidad del Espíritu de Cristo por la religión institucionalizada, y a los que sustituyen el Evangelio de Cristo por un humanismo. Se encuentran también en el mundo aquellos que cambian el amor a Dios por el amor al poder, «salvadores políticos que encarnan un demonismo que participa palpablemente del mal».

La variedad y popularidad de los falsos profetas contemporáneos no debería sorprendernos; todavía es cierto que «el mundo los oye». En todas las épocas, la mentira contiende contra la verdad, el mal contra el bien, los falsos profetas contra los verdaderos. Es por eso por lo que debemos pesar los espíritus.

El mismo Jesús en una ocasión les preguntó a sus discípulos: «*Pero Él, volviéndose, los reprendió, y dijo: Vosotros no sabéis de qué espíritu sois*» *(Lucas 9:55 LBLA)*.

Mis amados, no podemos ignorar los tiempos que estamos viviendo. Esta es una época peligrosa y ahora, más que nunca, el momento presente requiere de creyentes radicales, verticales y frontales que saben con claridad quiénes y de qué espíritu son. Es fácil y una gran tentación, mimetizarse y confundirse, ser influenciados con el espíritu reinante en estos tiempos y callarse, no manifestarse tal cual somos como hijos de Dios, nación santa, sacerdotes del Dios Altísimo.

Se requiere de una generación radical, vertical y frontal que sepa con claridad quién y de qué espíritu es.

Hay varias vías de discernimiento que conviene que tengamos en cuenta. La variedad de vías por las que podemos identificar espíritus malos es testimonio de la creatividad de Dios. La vista es un instrumento muy importante como expresión del don de discernimiento. Esta es la capacidad de literalmente «ver» a los espíritus. Generalmente, no es una visión externa o física, sino espiritual. Aprendemos a reconocer a los espíritus, así como ellos a veces nos reconocen *(Hechos 19:13–15)*. De todos modos, conviene siempre que quien ministra mantenga sus ojos abiertos cuando lo hace o cuando ora, con el fin de observar las reacciones físicas y los cambios de conducta de su interlocutor o la persona a la que está ministrando. El lenguaje corporal es muy importante a la hora de discernir la situación de la persona a la que estamos ministrando. Al igual que la mirada, los gestos del cuerpo son sumamente elocuentes y expresan el estado del alma.

¿De qué espíritu sois?

Esta es una pregunta muy interesante y peculiar, ya que muchas personas pueden inferir que automáticamente todos al hacer una oración de fe, esta le autoriza y garantiza que Cristo es quien guía sus vidas. Sin embargo, aunque la oración de fe es la parte inicial del crecimiento espiritual, debemos discernir y entender que esta no se limita solo allí, ya que el Espíritu de Cristo debe imperar en todas nuestras formas de vivir y comportarnos como lo expresa el Apóstol Pablo: *«Mas vosotros no vivís según la carne, sino según el Espíritu, si es que el Espíritu de Dios mora en vosotros. Y si alguno no tiene el Espíritu de Cristo, no es de él» (Romanos 8:9).*

Ahora, la pregunta sería cuál es el Espíritu de Cristo. No queremos entrar en muchos detalles teológicos en esta sección, pero sí queremos hacer notar que el Espíritu Santo es llamado por varios títulos diferentes, incluidos el «Espíritu de Jesucristo» y el «Espíritu de Jesús». Antes de contestar esta pregunta, veremos un caso del libro de Lucas.

En el libro de Lucas, encontramos un caso muy peculiar, vemos a los discípulos andando con Jesús, pero no modelando con Jesús, y este es un gran desafío que vivimos, personas asistiendo a la iglesia, pero que no le permiten a la iglesia que esté en ellos.

No solo debemos de andar con Jesús, sino modelarlo en todas nuestras formas de vivir.

Por esto, más que nunca, debemos discernir qué espíritu está reinando en cada lugar, debemos saber y entender qué espíritu está motivando a las personas a comportarse de ciertas formas y a tomar dichas actitudes.

«Y sucedió que cuando se cumplían los días de su ascensión, Él, con determinación, afirmó su rostro para ir a Jerusalén. ⁵² Y envió mensajeros delante de Él; y ellos fueron y entraron en una aldea de los samaritanos para hacerle preparativos. ⁵³ Pero no le recibieron, porque sabían que había determinado ir a Jerusalén. ⁵⁴ Al ver esto, sus discípulos Jacobo y Juan, dijeron: Señor, ¿quieres que mandemos que descienda fuego del cielo y los consuma? ⁵⁵ Pero Él, volviéndose, los reprendió, y dijo: Vosotros no sabéis de qué espíritu sois, ⁵⁶ porque el Hijo del Hombre no ha venido para destruir las almas de los hombres, sino para salvarlas. Y se fueron a otra aldea» **(Lucas 9:51-56 LBLA)**.

En este pasaje, notaremos algo muy particular, y es que después del encuentro en el monte de la transfiguración, Jesús decidió dirigirse hacia Jerusalén donde culminaría su tarea entre los hombres. Envió mensajeros para que le prepararan alojamiento en las ciudades de Samaria por donde atravesaría.

El viaje desde Galilea hasta Jerusalén, en Judea, necesariamente debía realizarse a través de Samaria. Por eso, leemos en **Juan 4** que le era necesario pasar por Samaria, ya que era el punto más factible para llegar desde Galilea a Jerusalén y viceversa.

Sin embargo, muchos de los judíos habitualmente daban un rodeo a Samaria pasando a la orilla este del Río Jordán, porque los samaritanos eran sus enemigos y no los recibían. De esta manera, las personas viajaban alargando el camino, pero el Señor decidió cruzar Samaria, rompiendo con la tradición judía y pasando en victoria sobre el mismo territorio de Samaria.

Es importante notar que muchos cristianos prefieren hacer como los judíos de ese tiempo, prefieren dar la vuelta cuando ven a alguien con necesidad en una esquina, y no ir a satisfacer sus necesidades. Cuando esto ocurre, la pregunta es: *¿De qué espíritus sois?*

En muchas iglesias, les prohíben a los feligreses reunirse con personas que piensan y son diferentes, cuando nosotros somos llamados la sal de la tierra y la luz del mundo. Pero Jesús rompió la tradición, y hoy necesitamos personas que rompan con la tradición para que las vidas lleguen a los pies de Cristo. Es importante notar que ni la tradición ni las reglas religiosas deben estar por encima de las necesidades humanas.

Ni la tradición ni las reglas religiosas deben estar por encima de la necesidades humanas.

En este pasaje de Lucas, vemos que, en realidad, la intención del Señor era quitar la barrera entre judíos y no judíos y presentar el reino de Dios a todo pueblo, sin ningún tipo de distinción.

Los judíos consideraban a los samaritanos impuros por haber recibido una abundante inmigración no israelita después de la deportación del reino del norte o Israel. Al considerar a Samaria un lugar donde se habían unido una gran cantidad de razas, rehusaban asociarse con ellos y provocaban la reacción de los samaritanos. Cuando llegaron los mensajeros de Jesús para prepararle alojamiento, no quisieron recibirlos. Jacobo y

Juan al ver esto le preguntaron al Señor si quería que fuego del cielo los destruyera. Pero Jesús se volvió a ellos y los reprendió por la idea que habían tenido[24].

Vemos en este pasaje que no fue Pedro, como hubiéramos esperado, sino aquellos «hijos del trueno» en **Marcos 3:17**. Los apóstoles Santiago y Juan fueron apodados por Jesús Boanerges, que significa «hijos del trueno», lo que probablemente indica que tenían un temperamento ardiente. Invocar fuego del cielo recuerda la acción de Elías en **2 Reyes 1: 9–16**. Estos quienes más tarde iban a querer tener para sí todos los honores más altos del reino, y el menor de ellos ya había sido reprendido por su estrechez cuando se ofrecieron a exterminar a estos samaritanos.

Los samaritanos no le daban la bienvenida a Jesús porque se dirigía a Jerusalén para adorar en el templo y no al monte Gerizim, su lugar preferido de adoración (véase **Juan 4: 20-21**). Sin embargo, a pesar de la ceguera espiritual de parte de los samaritanos, ya que Dios es espíritu y Él está buscando a los verdaderos adoradores, a aquellos que adorarán al Padre en espíritu y en verdad sin importar el lugar.

Esta actitud de mutua hostilidad venía desde el tiempo de la cautividad babilónica, cuando los samaritanos surgieron como fruto de la mezcla biológica entre israelitas y gente pagana. El conflicto se acrecentó cuando, al regresar a Jerusalén luego de setenta años de cautiverio por decreto del rey Ciro, algunos samaritanos quisieron ayudar en la reedificación del templo y los judíos se lo impidieron. Aquello produjo muchos

---

[24] Díaz, S. (2007). Comentario bíblico del continente nuevo: San Lucas (Lucas 9:51–56). Miami, FL: Editorial Unilit.

conflictos raciales posteriores. Sabemos por la historia que el gran cisma entre los dos grupos se dio cuando Juan Hircano, sumo sacerdote y rey macabeo, destruyó el templo samaritano en el monte Gerizim (109 a. C.). Los samaritanos, en represalia, intentaron profanar el templo de Jerusalén. De todos modos, los samaritanos eran medio hermanos de los judíos; creían en Dios, esperaban al Mesías y estudiaban la ley (ver *Juan 4:25–42*). Aunque los samaritanos rechazaron a Jesús, Él no los rechazó, no vino al mundo para eso *(Juan 4:1)*. De hecho, Lucas va a contarnos historias inéditas maravillosas del amor y cuidado de Jesús por estos otros despreciados de la sociedad judía[25].

Una de las características principales de no aceptar adorar a Dios en Jerusalén por los samaritanos también es el resultado de la intolerancia mostrada por parte de los judíos, que se preocuparon por darle demasiado énfasis a sus ritos y tradiciones, en lugar de pregonar y publicar la bondad del Padre manifestada en los Salmos y en la riqueza de su historia del gran protector y cuidador que los había elegido.

La religión nunca puede estar por encima del amor, ya que el amor cubrirá multitud de pecados. No podemos poner el rito por encima de la importancia que son las vidas. Las personas deben tener un lugar preponderante dentro de cada actividad.

La religión nunca puede estar por encima del amor por las vidas.

---

25 Cevallos, J. C., & Zorzoli, R. O. (2007). Comentario bíblico mundo hispano, Tomo 16: Lucas (p. 187). El Paso, TX: Editorial Mundo Hispano.

Una de las estrategias más sutiles del enemigo es mantener a las personas dentro alejadas por la forma como adoran, la forma como visten, la forma de predicar, la forma de ministrar, sin darse cuenta de que muchas veces está operando un espíritu de orgullo, división y oposición cuando el que debe reinar es el Espíritu de Cristo.

Jesús no condenó a Elías, pero quería que supieran que ellos debían tener un espíritu diferente. Necesitaban aprender que estaban ingresando a la dispensación del amor, la misericordia, el perdón y la tolerancia. Jesús no había venido a destruir a los pecadores sino a darles el Evangelio y una oportunidad de arrepentimiento.

Dice Poole: «Cristo no aprobaba la adoración de los samaritanos, pero no pensaba que la forma de hacerles cambiar de opinión era hacer descender fuego del cielo sobre ellos. No es la voluntad de Dios que aprobemos un culto corrupto y que nos unamos a los que lo practican. Pero tampoco es su voluntad que lo suprimamos o saquemos de él a los hombres por medio del fuego o de la espada».

Quesnel comenta: «Suele ocurrir que los ministros de la Iglesia, aduciendo celo por los intereses de esta, atentan contra la mansedumbre cristiana. La Iglesia no conoce tal cosa como la venganza, y sus ministros no deberían conocerla tampoco. Su ira se debe encender contra el pecado, no contra el pecador. Un día descenderá fuego del cielo para purificar el mundo por medio de la destrucción, pero en el presente desciende solo para santificarlo por medio de la edificación».

Jesús les dijo claramente: «Vosotros no sabéis de qué espíritu sois». Ya que su actitud no reflejaba el carácter de su Maestro.

Los discípulos estaban olvidando la naturaleza del Espíritu que decían que los guiaba como discípulos de Cristo. Se olvidaban de que era un Espíritu de amor, mansedumbre y amabilidad, y que todos los actos de carácter vengativo y violento le resultaban lamentables. *«El fruto del Espíritu es amor, gozo, paz, paciencia, benignidad» (Gálatas 5:22)*. Su propio Maestro les había enseñado que, si alguien les hería en una mejilla, debían volverle también la otra *(cf. Mateo 5:39)*. Pero todo esto lo habían olvidado para entonces. Un carácter violento y un sentimiento de dignidad herida convierten a los hombres en malos razonadores y borran la buena enseñanza de sus memorias[26].

Bengel comenta que debemos comparar con la conducta de estos dos discípulos *«el hecho de que, cuando Jesús oró en la cruz, no oró contra sus enemigos, sino por ellos»*, empleando las mismas palabras de los *Salmos 22 y 31*.

Es por estos que debemos saber y entender quiénes son realmente nuestros enemigos, ya que los mensajes que más abundan en las redes y en todas partes da a aludir que nuestros hermanos son nuestros enemigos, cuando esto no es así. A la verdad que *No* entiendo cómo hay ministros ciegos, faltos del Espíritu, sin discernimiento, que no conocen la Palabra y promueven predicas y enseñanzas que promueven la desunión en vez del perdón y la reconciliación.

---

[26] Evans, C. A. (2017). Expectativas mesiánicas. En E. A. Blum & T. Wax (Eds.), CSB Study Bible: Notes (p. 1626). Nashville, TN: Editores de la Biblia Holman.

Porque el Hijo del Hombre no ha venido para perder las almas de los hombres, sino para salvarlas *(56)*. Y se fueron a otra aldea. He aquí un ejemplo de tolerancia. Siempre es mejor ir a otra villa que mandar fuego. Pero esta otra villa era judía, y marca el fin de la posible evangelización de Samaria. Señala el viraje hacia Perea[27].

No podemos ser los intolerables tolerables. Lo que significa que existen personas que operan en un espíritu que siempre esperan que Dios les tolere y perdone todos sus pecados, pero ellos nunca ven con agrado cuando Dios o el pastor le da la oportunidad a otra persona. Muchos quieren ver a personas en disciplinas eternas dentro de las iglesias sin darles la oportunidad de crecer solo porque en un pasado fallaron.

Esta intolerancia se refleja en la respuesta de Jacobo y Juan en la cual desatan su ira (naturalmente humana, al ser ellos judíos) por no haberlo recibido y le dicen al Señor Jesús: «Señor, ¿quieres que mandemos que descienda fuego del cielo, como hizo Elías, y los consuma?». Ese ha sido el error de los religiosos y las organizaciones humanas: conquistar con odio y venganza al que no concuerda con ellos. La historia del mundo da cuenta de todos los atropellos, guerras, violencia, castigo a todos los que se oponían a un supuesto Evangelio de Jesucristo.

Hemos visto casos donde personas se enfocan más en cómo quedó el servicio, cuántas personas estaban conectadas o asistieron a la iglesia, cuántas ofrendas en-

---

[27] Childers, C. L. (2010). El Evangelio Según San Lucas. In *Comentario Bíblico Beacon: Mateo hasta Lucas (Tomo 6)* (pp. 503–504). Lenexa, KS: Casa Nazarena de Publicaciones.

traron, en vez de preocuparse si las vidas fueron realmente edificadas. No podemos dejar de entender lo prevalente del evangelio, que son las vidas. Todo lo que hacemos es a favor de Dios y de las almas.

En este pasaje, se enseña muy claramente la completa desaprobación por parte de nuestro Señor de toda persecución por motivos religiosos. Independientemente de lo que pensemos de las doctrinas o prácticas de los hombres, no debemos perseguirlos. Es por esto por lo que se ve tanta desunión dentro del pueblo de Dios, porque las personas se enfocan demasiado en la forma en vez de en quién es realmente exaltado en nuestra adoración.

Es un hecho interesante que el Apóstol Juan, en un período posterior de su vida, descendiera a Samaria con un espíritu muy diferente. Fue con Pedro en una misión especial desde Jerusalén para proporcionar bendición espiritual a los creyentes samaritanos. Y se nos dice que *«en muchas poblaciones de los samaritanos anunciaron el evangelio» (Hechos 8:25)*.[28]

Ahora, volviendo a la pregunta previa de cuál es el espíritu de Cristo, para entender de qué espíritus sois, notamos que el Espíritu Santo es llamado por varios títulos diferentes, incluyendo el «Espíritu de Jesucristo» y el «Espíritu de Jesús».

En *1 Pedro 1:11*, el Apóstol se refiere al Espíritu Santo llamándolo «el Espíritu de Cristo» (pneuma Christou). Esta frase aparece solo una vez más en todo el Nuevo Testamento y es en *Romanos 8:9* (ver también *Filipen-*

---

[28] Ryle, J. C. (2002–2004). Meditaciones sobre los Evangelios: Lucas. (E. F. Sanz, Trans.) (Vol. 1, pp. 384–385). Moral de Calatrava, España: Editorial Peregrino.

ses 1:19 [«el Espíritu de Jesucristo»]; *Hechos 16:7* [«el Espíritu de Jesús»]; y, *Gálatas 4:6* [«el Espíritu de su Hijo»]). Algunos piensan que en los pasajes paulinos es posible que «Espíritu» pueda ser entendido como una influencia espiritual impersonal. Pero en *Hechos 16:7*, donde el significado está determinado por la frase «el Espíritu Santo» en el versículo anterior, está claro que se trata de una acción personal. Por extensión, podría pensarse lo mismo de los otros textos y en especial de *1 Pedro 1:11*. En este caso, el «Espíritu de Cristo» es considerado como el que se reveló a los profetas[29].

Edward Gordon Selwyn nos dice: «El Espíritu es el *Espíritu de Cristo* en el sentido de que Él derivó de Cristo su misión a la iglesia, lo cual fue parte del cumplimiento mesiánico[30]. EL Espíritu de Cristo se interesa por las vidas y los perdidos.

En un sentido muy real, Jesús fue el dador del Espíritu Santo. Después de que Jesús regresó de entre los muertos, pero antes de ascender al cielo, dijo lo siguiente a sus discípulos:

«Y ahora enviaré al Espíritu Santo, tal como lo prometió mi Padre. Pero quédese aquí en la ciudad hasta que venga el Espíritu Santo y lo llene con poder del cielo» *(Lucas 24:49 NTV).*

En el Evangelio de Juan, leemos sobre el Cristo resucitado que sopla sobre sus discípulos y les dice que «reciban el Espíritu Santo». La Escritura dice:

---

[29] Deiros, P. A. (2010). El Espíritu Santo hoy (1a ed., pp. 147–148). Buenos Aires: Publicaciones Proforme.

[30] Selwyn, Edward Gordon (1961). *The First Epistle of Peter.* Londres. Macmillan. Pag. 249, 250.

«Luego, sopló sobre ellos y dijo: Recibid el Espíritu Santo» (Juan 20:22 CEV).

En el principio, el hombre recibió vida cuando recibió el soplo de Dios. *«Entonces Jehová Dios formó al hombre del polvo de la tierra, y sopló en su nariz aliento de vida, y fue el hombre un ser viviente» (Génesis 2:7).* Ahora, aquí vemos a Jesús dando vida espiritual a los creyentes al soplar sobre ellos.

Por ende, una de las características de todo hijo de Dios es que el Espíritu de Cristo debe reinar en nuestras vidas. El libro de Isaías nos dice que surgirá una persona, y lo llama *vara, rama del tronco de Isaí, un vástago que retoñará de sus raíces* y se refiere a Jesucristo, descendiente de Isaí, padre de David.

En otras palabras, Isaías nos dice que de la descendencia de David o de la descendencia de su padre se levantaría alguien sobre quien reposaría el Espíritu de Jehová y describe este Espíritu, como Espíritu de sabiduría y de inteligencia, Espíritu de consejo y de poder, Espíritu de conocimiento y de temor de Jehová.

«Del tocón de la familia de David[a] saldrá un brote sí, un Retoño nuevo que dará fruto de la raíz vieja.² Y el Espíritu del Señor reposará sobre él: el Espíritu de sabiduría y de entendimiento, el Espíritu de consejo y de poder, el Espíritu de conocimiento y de temor del Señor. ³ Él se deleitará en obedecer al Señor; no juzgará por las apariencias ni tomará decisiones basadas en rumores. ⁴Hará justicia a los pobres y tomará decisiones imparciales con los que son explotados. La tierra temblará con la fuerza de su palabra, y bastará un soplo de su boca para destruir a los malvados» (Isaías 11:1-4 NTV).

Es mi oración que en nuestras vidas pueda reposar el Espíritu de sabiduría y de entendimiento, el Espíritu de consejo y de poder, el Espíritu de conocimiento y de temor del Señor para poder entender de qué espíritus realmente somos.

Ejemplos bíblicos

Me gustaría terminar esta sección con algunos ejemplos bíblicos que nos ayudarán a evitar errores, frustraciones, fracasos y pérdida de tiempo. Como dijo Eleanor Roosevelt: «Aprende de los errores ajenos. No vivirás lo suficiente como para cometerlos todos».

En lo personal, soy una persona que me gusta aprender de los errores de otros para así evitarlos. Dicen que hay tres tipos de personas:

1. «Los inteligentes» que aprenden de sus experiencias.

2. «Los sabios» que aprenden de los errores de los demás.

3. «Los torpes» que no aprenden de los errores de los demás ni de los propios.

Por razones de espacio, nos limitaremos a algunos ejemplos bíblicos que nos ayudarán a tener un mayor discernimiento espiritual y entender lo mejor, lo que más nos conviene. Estaremos primero viendo algunos pasajes bíblicos y extrayendo y aplicando a nuestro tema en estudio.

- **El caso del siervo y el profeta.**

   La Biblia muestra un episodio muy interesante en la vida del siervo del gran profeta Eliseo, tomaremos textualmente el acontecimiento de *2 Reyes 6:14-17*.

«Entonces envió el rey allá gente de a caballo, y carros, y un gran ejército, los cuales vinieron de noche, y sitiaron la ciudad. ¹⁵ Y se levantó de mañana y salió el que servía al varón de Dios, y he aquí el ejército que tenía sitiada la ciudad, con gente de a caballo y carros. Entonces su criado le dijo: ¡Ah, señor mío! ¿qué haremos? ¹⁶ Él le dijo: No tengas miedo, porque más son los que están con nosotros que los que están con ellos. ¹⁷ Y oró Eliseo, y dijo: Te ruego, oh, Jehová, que abras sus ojos para que vea. Entonces Jehová abrió los ojos del criado, y miró; y he aquí que el monte estaba lleno de gente de a caballo, y de carros de fuego alrededor de Eliseo».

Mientras el siervo estaba preocupado, el profeta estaba tranquilo; el criado no sabía qué hacer, pero hizo lo correcto, el siervo vio los caballos, pero el profeta vio el escuadrón de Jehová de los ejércitos.

La falta de discernimiento produce caos y desesperación, el entendimiento produce paz, bienestar y seguridad.

Al abrir los ojos, el criado recibió la paz, el poder y la fe para seguir confiando en Dios.

Cuando se carece del discernimiento espiritual, se pierde la facultad y sensibilidad de ver la pro-

visión de Dios en los momentos difíciles de la vida. El siervo no supo qué hacer cuando se vio rodeado de caballos y así sucede muchas veces a las personas que carecen de entendimiento. Si tenemos el discernimiento espiritual, veremos el problema, pero nos enfocaremos en la provisión y lo que está detrás de lo que llamamos problema entendiendo que la batalla es de Jehová. Debemos mirar con fe en Dios, confiando en su poder y no en nuestra capacidad, experiencia o conocimiento. Todo eso se adquiere cuando discernimos espiritual y correctamente.

- **El error de David al no discernir el tiempo de salir a la guerra, quedarse en casa y acostarse con una mujer casada.**

No entraremos en contexto teológico ni cultural de este acontecimiento, pero tomaremos el texto y le daremos una aplicación basada en el discernimiento espiritual.

«Aconteció que en la primavera, en el tiempo cuando los reyes salen a la batalla, David envió a Joab y con él a sus siervos y a todo Israel, y destruyeron a los hijos de Amón y sitiaron a Rabá. Pero David permaneció en Jerusalén» (2 Samuel 11:1 LBLA).

Mientras que sus ejércitos estaban en guerra durante una primavera, él se quedó en casa. Desde su azotea, vio a una hermosa mujer bañándose. Él supo que era Betsabé, esposa de Urías el hitita, uno de sus valientes hombres que estaba en guerra, y David envió mensajeros para que le trajeran a la esposa de Urías. David se acostó con Betsabé y quedó embarazada. David llamó a Urías del campo de batalla con la esperanza de que él durmiera con su esposa y creyera que el niño era suyo, pero Urías se negó a ir a su casa mientras sus compañeros estaban en guerra. Entonces, David hizo todo para que Urías muriera en la batalla. Posteriormente, David se casó con Betsabé *(2 Samuel 11)*.

Este incidente en la vida de David de no poder discernir las consecuencias de sus decisiones produjo una catástrofe y resultados en su vida, familia y reinado. Aunque cuando el profeta Natán confrontó a David por su pecado con Betsabé, David respondió con arrepentimiento y escribió el *salmo 51* en ese momento. Aquí vemos la humildad de David y su verdadero corazón para el Señor. **Dios lo perdonó, pero vio el resultado de su mala decisión.** Toda desobediencia trae su consecuencia. En *2 Samuel 12:10-12* vemos la sentencia dictada a David:

«Por lo cual ahora no se apartará jamás de tu casa la espada, por cuanto me menospreciaste, y tomaste la mujer de Urías heteo para que fuese tu mujer. [11]Así ha dicho Jehová: He aquí yo haré levantar el mal sobre ti de tu misma casa, y tomaré tus mujeres delante de tus ojos, y las daré a tu prójimo, el cual yacerá con tus mujeres a la vista del sol. [12]Porque tú lo hiciste en secreto; mas yo haré esto delante de todo Israel y a pleno sol».

Es importante notar lo importante de tomar decisiones con discernimiento. El pecado de David se fue haciendo cada vez más grande por intentar cubrirlo: pasó de adulterar a conspirar en el asesinato de una persona inocente. Y todo comenzó porque David estaba en el lugar equivocado. ¡Cuán importante es estar enfocados con nuestros ojos espirituales abiertos para saber dónde Dios quiere que estemos! Debemos aprender a poner nuestras vidas en las manos de Dios y confiar en Él, inclusive en las pequeñas decisiones que tengamos que tomar.

- **El joven y el viejo profeta.**

Esta es una historia muy conmovedora de la cual podemos aprender varios principios bíblicos en estos tiempos de tantos profetas y profecías. Es importante notar que ser usado en el pasado no lo cualifica de ser usado en el presente al menos que esa persona se mantenga conectado a la fuente. Tomaremos este acontecimiento de *1 Reyes 13:11-26*.

«Moraba entonces en Bet-el un viejo profeta, al cual vino su hijo y le contó todo lo que el varón de Dios había hecho aquel día en Bet-el; le contaron también a su padre las palabras que había hablado al rey. ¹²Y su padre les dijo: ¿Por qué camino se fue? Y sus hijos le mostraron el camino por donde había regresado el varón de Dios que había venido de Judá. ¹³Y él dijo a sus hijos: Ensilladme el asno. Y ellos le ensillaron el asno, y él lo montó.

¹⁴Y yendo tras el varón de Dios, le halló sentado debajo de una encina, y le dijo: ¿Eres tú el varón de Dios que vino de Judá? Él dijo: Yo soy. ¹⁵Entonces le dijo: Ven conmigo a casa, y come pan. ¹⁶Mas él respondió: No podré volver contigo, ni iré contigo, ni tampoco comeré pan ni beberé agua contigo en este lugar. ¹⁷Porque por palabra de Dios me ha sido dicho: No comas pan ni bebas agua allí, ni regreses por el camino por donde fueres. ¹⁸Y el otro le dijo, mintiéndole: Yo también soy profeta como tú, y un ángel me ha hablado por palabra de Jehová, diciendo: Tráele contigo a tu casa, para que coma pan y beba agua.

¹⁹Entonces volvió con él, y comió pan en su casa, y bebió agua. ²⁰Y aconteció que estando ellos en la mesa, vino palabra de Jehová al profeta que le había hecho volver. ²¹Y clamó al varón de Dios que había venido de Judá, diciendo: Así dijo Jehová: Por cuanto has sido rebelde al mandato de Jehová, y no guardaste el mandamiento que Jehová tu Dios te había prescrito, ²² sino que volviste, y comiste pan y bebiste agua en el lugar donde Jehová te había dicho que no comieses pan ni bebieses agua, no entrará tu cuerpo en el sepulcro de tus padres.

²³Cuando había comido pan y bebido, el que le había hecho volver le ensilló el asno. ²⁴Y yéndose, le topó un león en el camino, y le mató; y su cuerpo estaba echado en el camino, y el asno junto a él, y el león también junto al cuerpo. ²⁵Y he aquí unos que pasaban, y vieron el cuerpo que estaba echado en el camino, y el león que estaba junto al cuerpo; y vinieron y lo dijeron en la ciudad donde el viejo profeta habitaba.

²⁶Oyéndolo el profeta que le había hecho volver del camino, dijo: El varón de Dios es, que fue rebelde al mandato de Jehová; por tanto, Jehová le ha entregado al león, que le ha quebrantado y matado, conforme a la palabra de Jehová que él le dijo».

Al leer estos versos, podemos notar que el joven profeta rechazó la invitación inicial, así que el viejo le dijo que había recibido una revelación directa de Dios a través de un ángel. Esta es una estrategia que está de moda, **no podemos usar el nombre de Dios para complacer caprichos.** Según él, le había dicho que el joven debía olvidar las instrucciones previas de Jehová.

El contexto implica que este *viejo profeta* había sido en un tiempo un fiel vocero del verdadero Dios. Tal vez había sido instruido en una de las escuelas para profetas de Samuel. Pero ahora, él actuaba como un enemigo de Dios y de la verdad[31].

El pecado de ese profeta fue muy parecido al de Adán y Eva. En ambos casos, las personas sabían cuál era la voluntad de Dios, pero actuaron deliberadamente en contra de ella. Por otro lado, Jesús es nuestro ejemplo de uno que conoció la palabra de Dios y se negó a apartarse de ella *(Mateo 4:1–11)*.

Algunos de los peligros más grandes continúan sucediendo en la iglesia visible. El Apóstol Juan escribe que muchos anticristos *«salieron de nosotros, pero no eran de nosotros...» (1 Juan*

---

[31] Wolfgramm, A. J. (2003). Reyes. (R. C. Ehlke, J. C. Jeske, & G. J. Albrecht, Eds.) (pp. 97–98).

2:19). Hoy, muchas veces, los profetas falsos fingen ser hermanos en Cristo. Ellos vienen a nosotros *«vestidos de ovejas» (Mateo 7:15)*. Los falsos profetas pueden alegar que Dios les ha hablado directamente, o por medio de un ángel. Pero, a pesar de su disfraz, los podemos reconocer, porque sus palabras contradicen la clara Palabra de Dios.

Seguir las palabras de un falso profeta no resulta en una bendición, solo conduce a la muerte y al juicio, como sucedió aquí. El profeta de Judá volvió con él a Betel y comió pan en su casa, sin sospechar siquiera que el profeta mayor le había mentido. Aunque el profeta mayor había pecado, vino palabra de Jehová a él una vez más, de la misma manera que sucedió con otros profetas de Dios que habían pecado (Jonás, Elías).

Es por esto por lo que los dones no califican a un hombre de Dios. Esta generación actual se enfoca en lo que ve, pero no en lo que realmente existe detrás de ese hombre o mujer de Dios, cómo es su vida íntima, familiar, su vida marital, etc.

No podemos caer en la trampa de ser guiados por alguien que Dios ha desechado.

- **El Discernimiento de Pedro.**

El próximo ejemplo bíblico que veremos es positivo y muestra la importancia y necesidad de tener el discernimiento espiritual activo dentro de nuestros ministerios. Este ejemplo es tomado de **Hechos 5:1-11 PDT.**

«Había un hombre llamado Ananías, su esposa se llamaba Safira. Se puso de acuerdo con ella para vender un terreno que tenían, ² pero entregó sólo una parte del dinero a los apóstoles y se quedó con el resto. Su esposa sabía lo que había hecho. ³Entonces Pedro dijo:

—Ananías, ¿por qué permitiste que Satanás entrara en tu corazón? Mentiste y trataste de engañar al Espíritu Santo. Vendiste el terreno, pero ¿por qué te quedaste con parte del dinero? ⁴El terreno era tuyo antes de venderlo, pudiste haber dispuesto del dinero a tu gusto. ¿Por qué se te ocurrió eso? ¡Le mentiste a Dios, no a los hombres!

⁵Cuando Ananías escuchó esto, cayó muerto. Todos los que supieron esto se asustaron mucho. ⁶Unos jóvenes vinieron y envolvieron su cuerpo, lo sacaron y lo enterraron. ⁷Más o menos tres horas después, entró su esposa Safira, quien no sabía lo que le había pasado a su marido. ⁸Pedro le preguntó:

—Dime, ¿cuánto recibieron por la venta del terreno? ¿Fue esta cantidad?

Safira le respondió:

—Sí, esa fue la cantidad que recibimos por la venta del terreno.

⁹Pedro le preguntó:

—¿Por qué estuviste de acuerdo a la hora de probar al Espíritu del Señor? ¡Escucha! ¿Puedes oír esos pasos? Los hombres que acaban de enterrar a tu esposo están a la puerta y ahora van a hacer lo mismo contigo.

¹⁰De inmediato Safira cayó muerta. Los jóvenes entraron y al darse cuenta de que estaba muerta, se la llevaron y la enterraron al lado de su esposo. ¹¹Toda la iglesia y los que supieron de esto, sintieron muchísimo miedo».

En este ejemplo, vemos cómo el enemigo siempre trata de engañar, usando apariencia de piedad, pero con sus hechos negando lo mismo. El pecado básico de Ananías y Safira era el de la hipocresía: estaban viviendo una gran mentira.

El pecado de esta pareja consistió en haber querido dejar la impresión de que habían entregado a los apóstoles todo el precio de la venta del campo, sin retener nada para sí, y que hacían como había hecho Bernabé. En otras palabras, querían pasar por generosos y a la vez quedarse con parte del dinero. En el Nuevo Testamento se considera un pecado muy serio el de la ceguera premeditada o el rechazo de la verdad. Pedro califica el proceder de los esposos como un engaño tramado contra el Espíritu Santo: mentir (o engañar) al Espíritu Santo (v. 3), tentar al Espíritu del Señor (v. 9), mentir a Dios.

Lo que hicieron esta pareja fue impulsado por Satanás, el padre de la mentira, y no resistieron. No había sido tan solo un intento de engañar a los apóstoles y a los creyentes, sino de mentirle al Espíritu Santo y, por lo tanto, a Dios. La venta de la propiedad de la persona y la entrega del producto de la venta no era una obligación, pero la honradez siempre lo es.

Viendo este panorama, nos preguntamos qué hubiese pasado si Pedro se hubiese dejado guiar por la apariencia de generosidad de esta pareja. Probablemente, los hubiese honrado y tenido como una pareja ejemplar, que diezma y ofrenda para las cosas de Dios. Sin embargo, Pedro fue guiado por el Espíritu Santo y no se dejó engañar por el dinero ni por su accionar.

Hoy en día, hemos visto casos donde hombres y mujeres que proclaman ser de Dios se han visto envueltos en escándalos con dinero ilícito, pero todavía siguen activos proyectando una imagen simulada.

- **El discernimiento de Salomón para dirigir con sabiduría.**

El último caso que trataremos es el de Salomón (aunque podemos hablar de muchos más ejemplos como: Adán y Eva, el caso de Lot y Abraham, Ruth y Noemi, el mismo caso de Jesús cuando enfrentó al tentador y no se dejó engañar, Pedro frente a las amenazas de los líderes religiosos, Pablo, etc.). Este caso de Salomón es muy peculiar porque él tuvo la oportunidad de su vida y fue de convertirse en el próximo Rey de Israel. El siguiente texto es tomado de *1 Reyes 3:7-12*.

«*Ahora pues, Jehová Dios mío, tú me has puesto a mí tu siervo por rey en lugar de David mi padre; y yo soy joven, y no sé cómo entrar ni salir. ⁸Y tu siervo está en medio de tu pueblo al cual tú escogiste; un pueblo grande, que no se puede contar ni numerar por su multitud. ⁹Da, pues, a tu siervo corazón entendido para juzgar a tu pueblo, y para discernir entre lo bueno y lo malo; porque ¿quién podrá gobernar este tu pueblo tan grande? ¹⁰Y agradó delante del Señor que Salomón pidiese esto. ¹¹Y le dijo Dios: Porque has demandado esto, y no pediste para ti muchos días, ni pediste para ti riquezas, ni pediste la vida de tus enemigos, sino que demandaste para ti inteligencia para oír juicio, ¹²he aquí lo he hecho conforme a tus palabras; he aquí que te he dado corazón sabio y entendido, tanto que no ha habido antes de ti otro como tú, ni después de ti se levantará otro como tú*».

Aquí vemos que Salomón reconoció su propia inmadurez y necesidad de sabiduría divina. Según se cree, él tenía cerca de veinte años cuando tomó posesión del trono. Salomón tenía la preocupación de no estar capacitado para cumplir su función de cogobernante de Jehová.

Su responsabilidad como líder y juez del pueblo de Dios era una carga que pesaba sobre él. Así que le pidió un corazón entendido (lit., «un corazón que oiga»), que estuviera en sintonía con la voz del Señor para que pudiera dirigir a Israel de la manera que Dios quería que su pueblo fuera dirigido.

Además, reconoció su dependencia del Altísimo al referirse a sí mismo como siervo de Dios[32].

Aquí vemos lo importante de saber discernir y pedir correctamente. **Salomón puso el bienestar del pueblo de Dios por encima de la paz o de su prosperidad personal y sobre cualquier deseo de llegar a ser un rey poderoso y popular.** Sus valores eran los correctos desde la perspectiva divina. Así que Dios prometió darle lo que pidió. Él tendría un corazón sabio y entendido (v. 12) y sería capaz de discernir e impartir juicios justos (v. 11). Puesto que Salomón buscó lo más importante, el Creador también prometió darle lo que era de menor trascendencia, riquezas y gloria, para capacitarle mejor para gobernar con efectividad a su pueblo.

Cuando ponemos los intereses de Dios primero que los nuestros, el Eterno no solo nos bendice para ejercer el ministerio efectivamente, sino que también nos prospera en todos nuestros caminos y se cumple la oración de Juan: *«Amado, yo deseo que tú seas prosperado en todas las cosas, y que seas sano, así como tu alma está en prosperidad» (3 Juan 1:2 JBS)*.

Si queremos ser personas espiritualmente maduras y fructíferas, debemos evitar también los siguientes peligros en cuanto al discernimiento:

- Tratar de juzgar a una persona por su apariencia. La Biblia nos exhorta a no juzgar por las apariencias *(Juan 7:24)*.

---

[32] Walvoord, J. F., & Zuck, R. B. (1996). El conocimiento bíblico, un comentario expositivo. Antiguo Testamento, tomo 3: 1 Reyes-Ester (p. 27).

- Poner más atención a lo malo que lo bueno. Por algo, el Apóstol Pablo nos pidió que aprendamos más de bueno y seamos ingenuos para lo malo *(Romanos 16:19)*.

- No podemos convertir el discernimiento en una «cacería de brujas», cristianos que siempre andan pensando mal de otros y todo el tiempo quieren sacar al descubierto las transgresiones de otras personas, provocando discordias dentro de las iglesias *(Proverbios 6:12-19)*.

- No utilizar como fuente de nuestro discernimiento al Espíritu Santo, puesto que es el que nos guía hacia toda verdad *(Juan 16:13)* y nos apoya en otras fuentes como el internet, libros, chismes, rumores, etc., solo por su curiosidad *(Proverbios 16:28,17:4,20:19 y 1 Timoteo 4:7)*.

- Otro peligro es el orgullo, hay personas que según van aumentando su discernimiento pueden llegar a sentirse orgullosas de su capacidad y es posible que sientan ansias de que los reconozcan como personas con discernimiento, se sienten espirituales e infalibles en sus juicios. Hasta pueden convertir su discernimiento en un ídolo, en lugar de darle la gloria a Dios *(Romanos 1:30 y 12:16)*.

- Otro riesgo es el retraimiento, es decir, que, a causa de tu discernimiento, todo lo veas mal en tu iglesia desde tu perspectiva y te separes de tu congregación. El discernimiento no nos da licencia para separarnos de los demás creyentes. Parte de nuestra vida cristiana es el compañerismo con otros cristianos *(Hebreos 10:24-25)* como vimos en el capítulo anterior.

Una de las características de los tiempos finales es que las personas andarán sin entendimiento espiritual. Sí, **aunque tenemos mucho conocimiento intelectual, se carece de discernimiento espiritual.**

Porque, como en los días antes del diluvio, estaban comiendo y bebiendo, casándose y dando en casamiento, hasta el día en que Noé entró en el arca, y no entendieron hasta que vino el diluvio y se los llevó a todos, así será también la venida del Hijo del Hombre *(Mateo 24:38-39).*

Durante el tiempo de Noé, fueron días de desidia espiritual, conciencia endurecida y entendimiento entenebrecido. La gente había perdido los valores morales: *«y no entendieron hasta que vino el diluvio y se los llevó a todos ...».* No entendieron la total dedicación de Noé a Dios, de manera que no sabían lo que sucedería. Y no le creyeron a Noé cuando les advirtió.

Incluso, ni la construcción del arca les llamó la atención, la gente se debió preguntar por qué Noé estaba construyendo un barco tan grande, especialmente al no vivir cerca de un lugar con agua suficiente para que flotara. Ni tampoco había llovido. Era un tema natural para iniciar una conversación. Pero cada uno estaba en lo suyo, entretenido y esta es una herramienta diabólica de estos últimos tiempos: el entretenimiento espiritual. Jesús predice que los hombres continuarán en lo suyo hasta que Él regrese, pero entonces ya será tarde, como en los días de Noé. Por esto las personas que perecieron en el diluvio *«no entendieron hasta que vino el diluvio y se los llevó a todos».*

Muchos ministros están más preocupados de su agenda personal que de las señales del reino y los tiempos y, aunque el discernimiento espiritual está en carencia en muchos círculos hoy en día, es importante entender que, bíblicamente hablando, el discernimiento no es opcional para el creyente, sino una necesidad. *1 Tesalonicenses 5: 21-22* enseña que es responsabilidad de todo cristiano discernir: «*Antes bien, examinadlo todo cuidadosamente, retened lo bueno;* [22] *absteneos de toda forma de mal*». No podemos caer en el riesgo de ignorar este imprescindible don para estos tiempos.

Bíblicamente hablando, el discernimiento no es opcional para el creyente, sino una necesidad.

El antropólogo Charles H. Kraft nos recomendó: «Por conocer más de lo que está ocurriendo en el mundo espiritual, sin embargo, y más acerca de quiénes somos nosotros, creo que es posible obtener más protección que la que Dios concede automáticamente. Porque, a pesar de lo que sea que está ocurriendo, ¡hay buenas noticias! Tenemos la autoridad para contrarrestar las estratagemas del enemigo. Simplemente necesitamos ser conscientes constantemente de quiénes somos y del hecho de que Satanás es menos poderoso que lo que nosotros somos (con el Espíritu Santo dentro de nosotros).

Él solo puede tener los derechos que nosotros no desafiamos, pero está en nosotros descubrir toda la autoridad que se le ha dado y cancelarla[33].

Cuando estamos conscientes de quiénes somos y de quién está con nosotros, podemos entender las estrategias del enemigo, dado que estamos viviendo los días más desafiantes que el cuerpo del Mesías ha pasado alguna vez. Estos son tiempos amenazantes y peligrosos para todos los creyentes y más que nunca necesitamos buscar diligentemente la ayuda y guía que proviene del Señor, Creador del cielo y de la tierra, para poder discernir y ser entendidos en los tiempos.

En estos días, nuestro adversario anda buscando como león rugiente a quien devorar. Como padre de todas las mentiras, su función principal es crear confusión, duda y desaliento sobre la palabra de Dios y las palabras que Él ha plantado en nuestros corazones.

Más que nunca, necesitamos entender que Satanás es el principal enemigo de Dios y de la Iglesia. Por supuesto, él está trabajando (sin parar) para destruir el trabajo del Señor en nuestras vidas, familias y ministerios por cualquier medio posible. Pero en estos tiempos, el Eterno está levantando una generación entendida en los tiempos como tú.

Varón (hermana) valiente y fuerte, el Señor está contigo. Levántate y discierne los tiempos.

---

[33] Deiros, P. A. (2008). Dones y ministerios (p. 170).

BIBLIOGRAFÍA

- Airhart, A. E. (2010). La primera y segunda epístolas a los tesalonicenses. In *Comentario Bíblico Beacon: Gálatas hasta Filemón (Tomo 9)* (p. 523). Lenexa, KS: Casa Nazarena de Publicaciones.

- Burt, D. F. (1994). Un reposo para el Pueblo de Dios. Terrassa (Barcelona): Editorial CLIE.

- Cayuela, N. L. (Ed.). (1997). Diccionario general de la lengua española. Barcelona. VOX.

- Cevallos, J. C., & Zorzoli, R. O. (2007). Comentario bíblico mundo hispano, Tomo 16: Lucas (p. 187). El Paso, TX. Editorial Mundo Hispano.

- Childers, C. L. (2010). El Evangelio Según San Lucas. In Comentario Bíblico Beacon: Mateo hasta Lucas (Tomo 6). Lenexa, KS. Casa Nazarena de Publicaciones.

- Collins Discovery Encyclopedia. (2005). HarperCollins Publishers.

- Connerly, R., Gómez C., A., Light, G., Martínez, J. F., Martínez, M., Morales, E., Carroll R. and M. Daniel. (2003). Comentario bíblico mundo hispano. El Paso, TX. Editorial Mundo Hispano.

- Deiros, P. A. (2006). Diccionario Hispanoamericano de la misión (Nueva edición revisada). Bellingham, WA. Logos Research Systems.

- Deiros, P. A. (2008). Dones y ministerios. Buenos Aires. Publicaciones Proforme.

- Deiros, P. A. (2010). El Espíritu Santo hoy (1a Edición). Buenos Aires: Publicaciones Proforme.

- Díaz, S. (2007). Comentario bíblico del continente nuevo: San Lucas (Lucas 9:51–56). Miami, FL: Editorial Unilit.

- Dunning, R. H. (2010). El libro de HABACUC. Lenexa, KS. Casa Nazarena de Publicaciones.

- Ehlke, R. C. (2001). Proverbios. Milwaukee, WI. Editorial Northwestern.

- Evans, C. A. (2017). Expectativas mesiánicas. En E. A. Blum & T. Wax (Eds.), CSB Study Bible: Notes (p. 1626). Nashville, TN: Editores de la Biblia Holman.

- Foronda, E. P. (2007). Diccionario manual de sinónimos y antónimos de la lengua española. Barcelona. VOX.

- Hormachea, D. (2007). El Asesor Familiar: Guía práctica para aconsejar con sabiduría. Colombia. Centros de Literatura Cristiana.

- https://deconceptos.com

- Jamieson, R., Fausset, A. R., & Brown, D. (2002). Comentario exegético y explicativo de la Biblia. El Paso, TX. Casa Bautista de Publicaciones.

- Lacueva, F. (2001). Diccionario teológico ilustrado (Ed. española). Terrassa, Barcelona. Clie.

- Maroney, Terry A. (2009). Emotional Common Sense as Constitutional Law. Vanderbilt.

- Morris, C. A. (1999). Comentario bíblico del continente nuevo. Miami, FL. Editorial Unilit.

- Real Academia Española (1927). Diccionario manual e ilustrado de la lengua española. Madrid. Espasa-Calpe.

- Ríos, A. (1994). Comentario bíblico del continente nuevo: San Mateo. Miami, FL. Editorial Unilit.

- Ryle, J. C. (2002–2004). Meditaciones sobre los Evangelios: Lucas. (E. F. Sanz, Trans.) (Vol. 1, pp. 384–385). Moral de Calatrava, España: Editorial Peregrino.

- Sizemore, D. (2003). Lecciones de Doctrina Bíblica. Joplin, MO. Literatura Alcanzando a Todo el Mundo.

- Selwyn, Edward Gordon (1961). The First Epistle of Peter. Londres. Macmillan.

- Staguhn, Gerhard (1992). God's Laughter: Man and his cosmos. UK. Random House.

- Taylor, R. S. (2009). DISCERNIMIENTO. In J. K. Grider, W. H. Taylor, & E. R. González (Eds.), E. Aparicio, J. Pacheco, & C. Sarmiento (Trans.), Diccionario Teológico Beacon. Lenexa, KS. Casa Nazarena de Publicaciones.

- Walvoord, J. F., & Zuck, R. B. (1996). El conocimiento bíblico, un comentario expositivo. Puebla, México. Ediciones Las Américas, A.C.

- Walvoord, J. F., & Zuck, R. B. (2000). El conocimiento bíblico, un comentario expositivo. Puebla, México. Ediciones Las Américas, A.C.

- Wolfgramm, A. J. (2003). Reyes. Milwaukee, WI. Editorial Northwestern.